易逝品供应链
优化与协调

胡翠红　田玉中 ◎ 著

四川大学出版社
SICHUAN UNIVERSITY PRESS

图书在版编目（CIP）数据

易逝品供应链优化与协调 / 胡翠红，田玉中著． — 成都：四川大学出版社，2023.10
ISBN 978-7-5690-6414-8

Ⅰ．①易… Ⅱ．①胡… ②田… Ⅲ．①商品流通—供应链管理—研究 Ⅳ．①F713

中国国家版本馆 CIP 数据核字（2023）第 194638 号

书　　名：	易逝品供应链优化与协调
	Yishipin Gongyinglian Youhua yu Xietiao
著　　者：	胡翠红　田玉中

选题策划：梁　平
责任编辑：梁　平
责任校对：傅　奕
装帧设计：裴菊红
责任印制：王　炜

出版发行：四川大学出版社有限责任公司
　　　　　地址：成都市一环路南一段 24 号（610065）
　　　　　电话：（028）85408311（发行部）、85400276（总编室）
　　　　　电子邮箱：scupress@vip.163.com
　　　　　网址：https://press.scu.edu.cn
印前制作：四川胜翔数码印务设计有限公司
印刷装订：成都金阳印务有限责任公司

成品尺寸：148 mm×210 mm
印　　张：5
字　　数：134 千字
版　　次：2023 年 10 月 第 1 版
印　　次：2023 年 10 月 第 1 次印刷
定　　价：48.00 元

本社图书如有印装质量问题，请联系发行部调换

版权所有 ◆ 侵权必究

扫码获取数字资源

四川大学出版社
微信公众号

前　言

　　易逝品是指具有生产提前期长、销售期短、期末未售出的商品残值极低甚至还需要处理成本、市场需求不确定性大等显著特征的一类产品的总称。随着科学技术的迅猛发展，消费者需求日趋个性化和市场竞争日益激烈，产品生命周期缩短、更新换代加快，越来越多的产品具有易逝品的特征。进行易逝品供应链管理相关研究，有助于减少资源浪费与环境危害，降低企业运营成本，提升产品流通效率与企业收益。

　　自20世纪90年代以来，针对易逝品供应链协调理论的扩展研究取得了较大的进展和一系列的成果。但是由于这些研究成果本身所具有的一些局限性，难以适应现代商业快速发展所面临的各种新情况，从而给供应链节点企业带来了巨大的生产和经营风险。本书以市场环境下易逝品为研究对象，重点探讨了供应链的优化与协调问题。

　　本书的主要研究内容如下：

　　(1) 易逝品供应链优化与协调相关理论。

　　从易逝品的概念、易逝品的特点、易逝品的分类、变质率几方面介绍了易逝品的基本理论；从易逝品供应链的特点以及易逝品供应链的特殊性两方面介绍了易逝品供应链的基本理论；从易逝品供应链协调定义、供应链失调的原因、供应链系统失调的表征、失调后果几方面讨论了供应链协调的基本理论；从不确定的概念和特征入手，从供应链结构、环境、不确定性能否抑制等不

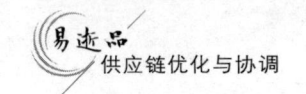

同角度对供应链不确定性种类以及引起不确定性的各种原因进行了归纳和分析。

（2）基于两阶段延期付款的易逝品供应链协调研究。

根据生产商允许零售商延期支付的可变期限、零售商允许顾客延期支付的可变期限与零售商的订货周期三者之间的关系，建立了易腐商品的价格折扣和延期支付条件下的总成本模型，给出了满足最优付款时间的最优条件。

（3）信息不确定条件下动态定价的易逝品供应链优化与协调研究——基于药品采购最优报价。

基于单承包商和单外包商组成的两级供应链，建立了在需求信息不对称情形下的承包方最优报价模型。该模型以最低价中标、期望效用取得最大值为原则，最终得到竞争中承包商能获得期望效用的最佳报价点。最佳报价点不仅与承包方报价的上限、承包方对标的实际成本的估价有关，还与参与竞争的承包方数量有关。

（4）基于动态需求的药品采购。

采用需求动态模型和库存多元线性回归模型，研究了基于动态需求的药品采购，实现了保质期与失效率，库存与药品收入、可替代药品收入、就诊人次，以及药品需求与库存和失效率的定量研究。

（5）易逝品供应链柔性策略分析。

对柔性以及供应链柔性的概念进行了介绍，对数量折扣、快速响应、延迟策略、VMI技术、JIT采购、大规模定制等柔性策略的基本理论、特点、意义、适用范围及具体实施的成功例证进行了简单介绍，进一步提出了柔性水平与收益平衡的相关策略以及供应链收益与成本的柔性度量。

（6）基于成本效益角度的信息服务产品大规模定制的平衡研究——以软件开发为例。

满足客户的个性化需求和大规模制造是信息服务领域中衡量服务质量和效益的重要因素，两者具有天然的矛盾性，因此如何取得某种平衡成为提升信息服务能力的关键问题。本书从成本与效益的角度，对信息服务大规模与个性化定制的平衡进行了深入研究，对寻求最佳大规模定制数值提出了边际成本的具体算法。

著 者

2023 年 5 月

目 录

第1章 概 论 …………………………………………（1）
1.1 选题背景 …………………………………………（1）
1.2 国内外研究现状 …………………………………（4）
1.3 研究内容和研究重点、难点 ……………………（13）
1.4 研究思路 …………………………………………（16）

第2章 相关理论研究 ………………………………（18）
2.1 易逝品 ……………………………………………（18）
2.2 易逝品供应链 ……………………………………（24）
2.3 供应链协调 ………………………………………（28）
2.4 易逝品供应链不确定性分析 ……………………（38）
2.5 本章小结 …………………………………………（59）

第3章 基于两阶段延期付款的易逝品供应链协调研究
　　　……………………………………………………（60）
3.1 国内外研究现状 …………………………………（61）
3.2 问题描述与假设 …………………………………（65）
3.3 模型建立与求解 …………………………………（68）
3.4 本章小结 …………………………………………（76）

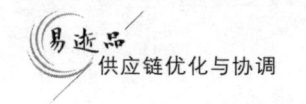

第 4 章 信息不确定条件下动态定价的易逝品供应链优化与协调研究
——基于药品采购最优报价 ……………………（77）
4.1 国内外研究现状 ……………………………（79）
4.2 前提假设与符号说明 ………………………（82）
4.3 模型建立与修正 ……………………………（83）
4.4 本章小结 ……………………………………（88）

第 5 章 基于动态需求的药品采购研究 ………………（90）
5.1 问题描述 ……………………………………（90）
5.2 国内外研究现状 ……………………………（91）
5.3 符号说明 ……………………………………（95）
5.4 建立采购模型 ………………………………（95）
5.5 m 与 n 值的确定 …………………………（96）
5.6 建立 $\hat{y}$ 函数模型 ………………………（97）
5.7 采购模型求解 ………………………………（102）
5.8 本章小结 ……………………………………（103）

第 6 章 易逝品供应链柔性策略分析 …………………（104）
6.1 供应链柔性概述 ……………………………（104）
6.2 供应链柔性显著改善易逝品供应链绩效 ……（109）
6.3 供应链柔性策略运用 ………………………（111）
6.4 柔性水平与收益的平衡策略 ………………（125）
6.5 供应链柔性收益与成本的平衡策略 ………（126）
6.6 本章小结 ……………………………………（127）

第 7 章 基于成本效益角度的信息服务产品大规模定制的平衡研究
　　——以软件开发为例……………………………（129）
　7.1　国内研究现状 ……………………………………（130）
　7.2　模型的建立与求解 ………………………………（132）
　7.3　本章小结 …………………………………………（139）

第 8 章　结　论 ……………………………………（141）
　8.1　局限 ………………………………………………（141）
　8.2　展望 ………………………………………………（143）

参考文献……………………………………………………（145）

第1章 概 论

1.1 选题背景

易逝品由于具有质量不易保障、产品生命周期短等特点，成为当前供应链管理领域的热点问题。广义的易逝商品包括易过时商品（如报纸杂志、时装、电子产品、飞机票等）、易腐商品（如水果蔬菜、肉类、乳制品等）和医疗保健（如药品、血液等）、化学物质（如黏合剂等)[1]。

易逝品随着时间的推移，其产品价值往往呈递减的趋势。质量是易逝品的生命线，而利润与质量成正比。比如几天前进的易逝品即使放在冷冻冰柜里，因其相对湿度比较低，水分蒸发比较快，一旦枯萎就会造成损失。销售者如果错误地估计了需求而订了过多的产品，过了保质期而未销售的产品将变得毫无价值。我国是农牧业的生产大国，肉类、水产品和鸡蛋等产品的产量都居世界前列，但是每年有近万吨的水果因为腐烂而变质。我国农户储粮、马铃薯、水果、蔬菜的产后损失率分别为 7%～11%、15%～20%、15%～20%和20%～25%，远高于发达国家的平均损失率，折算经济损失达 3000 亿元以上，相当于 1 亿多亩耕地

---

[1] 曹细玉：《基于多变量决策的易逝品供应链协调研究》，南京航空航天大学，2007 年，第 10 页。

的投入和产出被浪费掉[1]。而造成上述损耗和浪费的最直接原因是落后的供应链管理方式,如果不进行有效的控制,那么整个农产品或者易逝品供应链的成员（如生产商、经销商、消费者）都会受到不同程度的损失。另外,随着生活水平的不断提高,消费者的偏好也在发生着变化,消费者对质量高的产品愿意付出更多的费用。在易逝品的保质期内,消费者对该产品的期望价值将随着时间递减。一种不合适的定价策略,将给销售者带来巨大的损失。一个好的订货和定价决策,能够提高销售者的收益,从而促进销售者给消费者提供更多更好的价廉物美的产品。

易逝品可根据产生原因的不同分为三类:①鲜花、蔬菜、药品和生鲜等容易变质腐败的产品以及机票、酒店服务等销售周期较短的产品。这类产品在销售期末仍未卖出就丧失了销售价值。②数码产品、移动终端产品、信息产品等更新速度很快的高科技商品。这类产品的价格随着时间的推移而不断下降,老产品与新一代产品会在市场上共存一段时间,然后才逐渐淡出市场。③端午节粽子、时尚杂志、应季服饰等受节日文化和时尚潮流影响而产生的产品。这类产品的价格在产品生命周期内保持不变,一旦有新产品或更新换代产品出现,产品价值就会急剧贬值,产品也会随之迅速退出市场。

T. A. Taylor 将第一类产品称为静态易逝品,所处的市场称作静态市场;而将后两类产品称作动态易逝品,所处的市场称作动态市场。

由于静态易逝品自身具有时效性强、需求不确定大、期末残值低等特性,所以供应链协调运作变得异常棘手。因此,如何有效实现静态市场环境下易逝品供应链的协调运作,一直是理论界

---

[1] 何勇海:《农产品产后损失触目惊心》,https://news.ifeng.com/c/7fcsnIJJqjv。

和实务界共同关注的焦点。此外，随着科技的迅速发展、竞争的加剧以及消费者需求的日趋多样化、个性化，产品的生命周期大大缩短，更新换代速度加快，越来越多的产品可以归结到动态易逝品的范畴。

易逝品供应链管理的研究受到越来越多国内外专家学者的重视。大量关于此的研究成果就说明了这一点，其中求解最优的订货策略以及定价策略，依然是相关领域学者的研究重点。

然而，目前易逝品问题的研究尚存在许多不足：易逝品问题的研究主要局限于单阶段或多阶段的集中式控制系统，对于分布式系统上下游企业间竞争与协调的讨论不足；当前冷链物流已经逐渐成为易逝品供应链系统中一个重要的库存及运输管理方式，对于这一方式的讨论主要通过计量经济估算法和实证研究方法，采用模型化方法对易逝品冷藏链的研究少之又少。本书将着眼于这些方面，力求得到在我们所考虑的情况下的最优订货策略和定价策略，能够用简单易行的方法对实际的问题求解，从而丰富和扩大相关的理论研究成果。

我国的易逝品供应链，一般都是围绕核心企业（比如掌握关键技术的制造企业），通过对信息流、物流、资金流的控制，将产品生产和流通中的原材料供应商、生产商、分销商、零售商以及最终消费者连成一体，形成一个功能网状结构（见图1-1）。

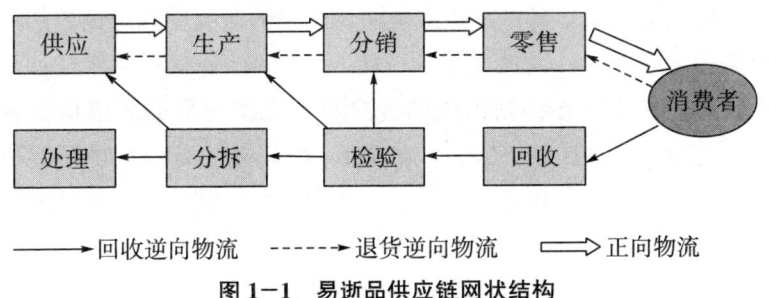

图1-1 易逝品供应链网状结构

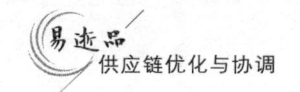

我国易逝品供应链运行具有如下几个特点：一是物流配送系统不完善，导致资源浪费巨大；二是供应链成员间没有真正形成战略联盟；三是供应链成员间没有真正实现信息一体化。

伴随着科技的快速发展和经济全球化的浪潮，企业面临着不断缩短交货期、降低成本和改进服务的压力。市场竞争的加剧和消费者需求的个性化，导致产品需求的不确定性增大，进一步增加了我国易逝品供应链关联企业的运作风险。生产运作和营销决策失调而导致的供需不匹配，已经造成了高库存与高缺货并存的困局，给供应链各成员的经济活动带来了巨大的负面影响。我国的易逝品供应链大多都是由多个经济独立的利益实体组成的，各实体均有自己的经营目标、信息渠道和决策权，并以自身利益的最大化为目标。然而，这种利己主义的局部利益最大化往往不仅无法达到供应链收益最大化，而且还会导致供应链整体绩效的大幅下降。因此，如何协调供应链中各成员企业的行为，有效解决因激励不一致等原因造成的"牛鞭效应"和"双重边际效应"，增强供应链的整体竞争力，已成为我国易逝品供应链研究的一个热点问题[①]。

1.2 国内外研究现状

近几十年来，易逝品供应链协调问题的研究受到理论界的广泛关注，取得了一大批成果。比如，Y. Gerchak（2004）统计了由收益共享和额外补贴组成的混合契约来实现易逝品供应链协调。李新军和达庆利（2007）将 Ding 和 Chen（2008）的研究成果拓展到由生产商和销售商所组成的两级供应链中，并设计退货

---

① 汪峻萍：《易逝品供应链优化与协调问题研究》，合肥工业大学，2014年，第2~6页。

合同来实现易逝品供应链协调。在假定退货率是一个依赖于销售商努力水平的随机变量的前提下，M. Ferguson（2006）建立了单阶段无缺陷退货易逝品供应链协调模型。

总的来说，易逝品供应链研究可分为两大类：一类是考虑静态市场环境下易逝品供应链协调的研究（目前大多数文献属于这类研究），另一类是考虑动态市场环境下易逝品供应链协调的研究。

1.2.1 静态市场环境下易逝品供应链协调研究

1.2.1.1 一次订购机会情形

以一次订购机会为视角的研究，根据决策对象的不同可分为生产订货决策协调、生产订货与定价决策同时协调、生产订货与销售努力决策同时协调、生产订货与质量控制努力决策同时协调[①]。

1. 生产订货决策协调

近年来，进行生产订货决策协调研究的学者很多，例如，樊小勇（2010）建立了损失规避偏好型零售商的易逝品订货模型，对模型的最优条件和性质进行了讨论，分析了产品次品率及损失规避程度、产品零售价格、批发价格对于零售商最优订货量的影响。王圣东、汪峻萍和周永务（2013）以动态市场环境下的易逝品为研究对象，针对两阶段需求相关、每次订货时带有固定的订购费用以及未满足需求部分延期供给等实际现象，建立了动态易逝品销售商两阶段订货决策模型，对模型的最优解进行了理论分

---

① 郭小云、王淳勇、王圣东：《动态市场环境下基于收益共享契约的供应链协调模型》，《系统管理学报》，2011年第8期，第433~434页。

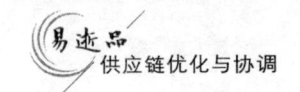

析,并提出了寻求两阶段订货策略的简单方法。但斌、贺庆仁和李宇雨(2017)针对易逝品零售商缺货时消费者不愿等待会造成缺货损失的问题,建立了两零售商的多销售阶段预防性横向调拨和订货模型,通过该模型得到了构成预防性横向调拨策略的调入与调出阈值函数,并分析了两阈值函数的结构和性质,证明了两零售商订货纳什均衡的存在性。

2. 生产订货与定价决策同时协调

生产订货与定价决策同时协调研究一般是在假定需求是依赖销售价格的随机变量的情形下,探讨如何利用价格杠杆来刺激市场需求,进而增加供应链各成员的利润。S. Webster (2008)则分别在生产商控制供应链库存决策和销售商控制供应链库存决策这两种情形下讨论了易逝品供应链协调问题。F. J. Arcelus (2008)则考虑了存在次级市场以销售报童模型产品的问题,并设计了回购契约以激励销售商选择集中决策系统下的订货和定价策略,从而实现供应链的协调运作。

王东红(2014)在需求确定和不确定两种情况下,对多产品的定价与库存,广告与库存,定价、广告与库存联合决策等问题进行了研究。王苗苗、朱晓曦和张瑞(2016)研究了高科技产业背景下三级供应链系统中原材料供应商的最优定价决策、生产商和零售商的最优定价和订货决策;同时围绕高科技易逝品的售价和零部件购买价格随时间递减的特点,分别建立以零售商和供应商为主导的三层联合定价和订货模型,并设计了三层粒子群算法对模型进行求解。

3. 生产订货与销售努力决策同时协调

生产订货与销售努力决策同时协调研究主要是由于研究者认识到销售努力在企业产品营销中的重要作用。对于随机需求不受销售努力水平影响情形，一些常见的契约，比如退货契约和回购契约，都能实现供应链协调。但在需求依赖零售商销售努力水平情形下，除了数量折扣契约，其他常见的契约都不能够实现供应链协调。

国内学者何勇、杨德礼、何炬等（2005）则设计了一个由回扣和惩罚策略组成的退货契约来实现供应链协调。徐最、朱道立和朱文贵（2008）在考虑可加和可积两种需求依赖努力水平形式下，建立了系统的最优订货数量和努力水平模型，设计了两种限制性回购契约来实现供应链协调。

国外学者 H. Krishnan（2004）在假定零售商的努力水平需在知晓实际需求之后再确定的前提下，设计了一个广义的退货契约来达到供应链协调。T. A. Taylor（2002）研究了带有销售努力影响的供应链渠道回扣策略协调问题。他指出，当需求受到零售商销售努力的影响时，可以设计一个目标回扣和退货相结合的混合契约实现供应链协调和双赢。M. Khouja（2003）将单阶段问题推广至需求随广告费用的增加但边际效用递减的情形。C. M. Lee（2011）在仅知随机需求的均值和方差而分布函数任意的情形下，研究了广告对报童模型最优订购策略的影响。

4. 生产订货与质量控制努力决策同时协调

张翠华和鲁丽丽（2009）研究了基于供应商检验和质量努力隐匿的协同质量控制，考虑了供应商质量努力、自身检验水平信息隐匿以及两者都隐匿时供应链的协同质量控制问题，但没有考虑销售商的质量努力问题。S. Baiman（2004）研究了质量风险信息对供应链协调的影响。C. S. Tapiero（2007）研究了供应链中考虑消费者风险对质量水平选择的博弈模型。刘强和苏秦（2010）对供应链质量控制与协调研究做了全面的评析，但没有建立具体的订购策略模型。李丽君、黄小原和庄新田（2005）以委托代理理论为框架，在假设供应链双方存在双边道德风险以及销售商相关信息不对称前提下，研究了供应链中供应商质量预防行为和销售商质量评价行为控制问题。M. Erkoc（2008）研究了生产商与销售商同时对质量控制的影响，确定性市场需求会受到成员质量影响的供应链协调问题，但没考虑市场需求的随机性。肖迪和潘可文（2012）研究了在随机环境下的质量控制问题，但只考虑了供应商的质量努力，忽略了销售商的质量努力对需求的影响。胡军、张镓和芮明杰（2013）在假定市场需求线性依赖于质量努力的前提下，研究了供应链质量优化和协调问题。

1.2.1.2 两次订购机会情形

易逝品有两次订购机会问题，在现实中非常普遍，学者们对其研究也颇多。以两次订购机会为视角的研究，根据第二次订购的时间点不同可分为期内二次订购协调、期末二次订购协调、期前二次订购协调[①]。

1. 期内二次订购协调

传统的易逝品供应链模型一般都假定在整个销售季节里，生产商只会给予销售商一次订购机会。但随着生产运输能力的不断提高，易逝品的供货提前期越来越短，因此，在销售季节前，生产商会允许销售商先订购少量产品，在销售季节开始后，生产商会给予销售商再次补货的机会。

H. S. Lau（1998）将二次订购策略引入报童模型中，通过比较得出，二次订购策略下零售商的期望利润要高于一次订购策略下零售商的期望利润。Z. K. Weng（2004）站在整个渠道的角

[①] 汪峻萍：《易逝品供应链优化与协调问题研究》，合肥工业大学，2014年，第2~6页。

度，构建了销售商有两次订购机会的协调模型，其研究中只有在延期供给量大于一定的门槛量时才会再次订购。

郑克俊和杨丽（2010）在生产商采取两阶段生产且给予零售商二次订货机会的前提下，针对单个生产商和单个零售商组成的易逝品两级供应链，建立了考虑期权契约并采取快速反应、数量柔性相结合策略的决策模型。

2. 期末二次订购协调

在实际中经常可以看到，即使到了销售期末，有些零售商还会向上游的供应商进行紧急订购。

Z. K. Weng（2004）在假定销售商带有两次订购机会（一次发生在销售期前，另一次发生在销售期末）的前提下，建立了易逝品供应链协调模型。

国内学者王圣东等（2012）比较全面地考虑了单生产方式和两生产方式下期内与期末二次订购的问题，并用改进的收益共享措施实现了渠道的协调。李健和杨扬（2018）针对易逝品的特点，将单一供应商和单一零售商组成的供应链系统作为研究对象，通过改进收益共享契约，建立了允许期末紧急订购的两阶段易逝品供应链模型，探讨了协调该易逝品供应链的条件。刘彩云和杨志林（2019）在期末有二次订购两生产模式情形下，利用CVaR（Conditional Value at Risk，条件风险价值）准则，探讨了销售商风险规避与促销的收益共享协调问题。

3. 期前二次订购协调

期前二次订购问题又被称作需求信息更新问题。M. Fisher（1994）指出，可以通过增加订购次数来提高需求预测的准确性，并将这种策略命名为精确反应策略。G. D. Eppen（1997）和A. V. Iyer（1997）设计了快速反应策略，通过更新需求预测来

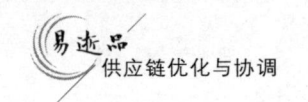

降低需求的不确定性。

国内学者陈旭（2005）研究考虑消费者需求信息更新的易逝品的批量订货策略，生产商通过为零售商提供两次订货机会，来实现生产商和零售商的共赢问题。陈六新和李军（2008）运用贝叶斯分析理论建立数学模型，研究了在不同的批发价格下消费者需求信息更新的易逝品的零售商订货策略。尚文芳、祁明和张智勇（2012）为了降低供给与需求的不匹配，引入了期权契约讨论三阶段生产和订购策略：零售商在第1阶段发出固定订单；然后在第1阶段和第2阶段之间更新需求预测，并在第2阶段调整固定订购量同时购买期权；第3阶段满足市场需求，对销售季末短缺量以执行期权和紧急订购相结合的方式实行延期供给。王圣东、周永务和汪峻萍（2012）则将需求信息更新时间点作为决策变量，建立了易逝品供应链协调模型。汪峻萍和王圣东（2015）将期末二次订购策略与期前二次订购策略相结合，在考虑生产商可以灵活采用昂贵和便宜这两种生产模式以应对销售商的不同订单需求的前提下，建立了需求信息更新点与期末紧急订购联合决策的供应链协调模型。

1.2.2 动态市场环境下易逝品供应链协调研究

这类研究的兴起主要是由于研究者们观察到，对于手机、家用电脑、数码相机等这些竞争激烈的高科技产品和创新性产品来说，其价值在产品生命周期内不断下降。如果一种型号或款式的产品生产过多，一旦升级换代产品出现，则多余的产品由于跟不上潮流要么大幅降价销售，要么直接报废，这给生产商和经销商都会带来巨大损失；如果该款式产品生产过少，未能满足消费者的需求，那么产品的市场占有份额将会降低，最终同样会给生产商和经销商带来利润和商誉的损失。因此，如何制定正确的运作和营销策略以提高整条供应链绩效显得尤为重要。

相关文献主要又可细分为生产订货决策协调、动态定价策略、不确定下的库存策略不同的研究方向。

1.2.2.1 生产订货决策协调

生产订货决策协调主要探讨了当易逝品在其生命周期内不同阶段的销售价格为外生变量而生产和订货量为决策变量时，供应链的协调运作问题。

国内学者陈志明、陈志祥（2013）建立了分散决策下的多个代工生产供应商和单个品牌企业的 Stackelberg（斯塔克伯格）博弈模型，求解出均衡生产订货批量。刘娟娟（2014）构建了无库存转移时的两阶段动态定价与订货策略模型，分析比较了存在信息删失、无信息更新和完全信息更新情况下的最优策略。熊恒庆（2016）研究了一个由零售商和供应商构成的二级供应链，基于报童模型，以服务水平为变量分析了两者的订货时机偏好，以零售商服务水平为横轴得出了双方的偏好区域图，进而得到订货时机帕累托效率最优区。

1.2.2.2 动态定价策略

易逝品的定价策略的主要研究对象是具有需求波动较大、不易储存、期末残值低等特点的商品，易逝品的定价策略主要集中在动态定价上。

Y. Narahari（2005）研究了价格差别和价格歧视两种方式：价格差别主要包括时间和空间上的差别；价格歧视主要是指同样的商品针对不同的消费者群体有不同的价格，分为一级、二级、Ⅱ级价格歧视。G. Bitran（2016）用动态规划的方法考虑了价格连续变化时易逝品的定价策略，表明利润的期望值会随着价格改变次数和初始库存量的变化而变化。

国内学者熊中楷、李根道、唐彦昌等（2007）则将动态定价

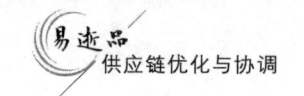

应用到易逝品供应链的管理中，以网络在线销售为背景，探讨了动态定价与供应链协调问题，设计了一个由收益共享契约与回扣契约组成的混合契约来实现供应链协调运作。李建启（2015）研究需求受价格和商誉共同影响下易逝品动态定价与广告投资策略的联合决策问题，以企业利润最大化为目标，建立联合最优动态定价及广告投资策略模型。黄微（2017）在易逝品动态定价相关研究基础之上，运用博弈论和期望效用理论的思想，在垄断和竞争两种环境下分别建立了动态定价模型，利用动态规划方法求解最优价格策略。曹裕、易超群和万光羽（2018）探讨了考虑外部随机扰动对库存变动影响下易逝品企业的最优联合动态定价、服务和生产策略，并基于随机最优控制理论，运用哈密顿-雅可比-贝尔曼方程（HJB方程）对最优策略进行了求解。

1.2.2.3　不确定下的库存策略

较早研究易逝品库存的国外学者有：P. M. Ghare（1963）和 G. F. Schrader（1963）提出了基于 EOQ（Economic Order Quantity，经济订货批量）模型的易变质物品的库存模型。P. Nandakumar（1998）和 T. F. Morton（1998）研究了缺货不补情况下离散时间库存模型的启发式订货策略。

在对不确定条件下的易逝品库存的研究中，许多学者考虑变质率随时间变化。例如，S. S. Sana（2010）研究了变质率与库存时间有关的库存模型，其考虑的是易变质物品，建立了需求受价格影响和允许缺货的 EOQ 拓展模型。郑长征、刘志学和左晓露（2012）提出了按照购买行为特征对需求进行分类，在不同类型的客户之间进行库存分配并允许缺货的库存策略。

还有学者在变质库存的基础上，考虑延迟支付、需求随机、价格变化等实际问题。莫降涛（2013）基于信用支付策略，建立了一类保质期有限的产品在其生命周期内多次订购的库存模型。

徐健腾和柏庆国（2015）围绕双渠道销售模式下的两货栈系统优化问题，引入随时间变化的价格因素，建立了在后进先出策略下易变质产品的库存系统优化模型。段永瑞、傅琼超和李贵萍（2015）研究了需求依赖于上一周期服务水平、缺货时订单部分损失的两周期易变质品库存问题。

在不允许缺货和公共产能约束条件下，曹裕、易超群和万光羽（2018）研究了需求受价格和服务水平双重影响下的易逝品随机生产库存模型，探讨了考虑外部随机扰动对库存变动影响下易逝品企业的最优联合动态定价、服务和生产策略。

但现实中大部分易变质产品都标有保质期，在保质期之前可以正常使用，在保质期之后就要全部舍弃。将变质问题用保质期做约束来处理的研究逐渐得到关注。一些学者开始在易腐产品或生鲜产品的库存模型中考虑产品保质期或者合同保质期对于库存问题的影响。例如，R. Haijema（2013）提出了一个新的库存依赖订货的策略，主要研究了易腐产品，且需求高度不确定，并且考虑产品的合同保质期。C. Kouki（2015）考虑了一个易腐库存模型，其中产品需求是随机的，考虑固定的保质期和固定的提前期。刘璐、吴军和李健等（2018）针对快速失效的医药药品考虑了医药库存的合同保质期以及库存空间约束，同时考虑医院库存以及生产商库存，并基于经济订货批量模型和经济生产批量模型建立了二级供应链的医药库存模型。

1.3 研究内容和研究重点、难点

1.3.1 研究内容

（1）易逝品供应链相关理论。

从易逝品的概念、易逝品的特点、易逝品的分类、变质率几方面介绍了易逝品的基本理论；从易逝品供应链的特点以及易逝品供应链的特殊性两方面介绍了易逝品供应链的基本理论；从易逝品供应链协调定义、供应链失调的原因、供应链系统失调的表征、失调后果等方面讨论了供应链协调的基本理论；从不确定的概念和特征入手，从供应链结构、环境等不同角度对供应链不确定性种类以及引起不确定性的各种原因进行了归纳和分析。

（2）基于两阶段延期付款的易逝品供应链协调研究。

根据生产商允许零售商延期支付的可变期限、零售商允许消费者延期支付的可变期限与零售商的订货周期三者之间的关系，建立了易腐商品的价格折扣和延期支付条件下的总成本模型，给出了满足最优付款时间的最优条件。

（3）信息不确定条件下动态定价的易逝品供应链优化与协调研究——药品采购最优报价。

基于单承包商和单外包商组成的两级供应链，建立了在需求信息不对称情形下的承包方最优报价模型。该模型以最低价中标、期望效用取得最大值为原则，最终得到竞争中承包商能获得期望效用的最佳报价点。最佳报价点不仅与承包方报价的上限、承包方对标的实际成本的估价有关，还与参与竞争的承包方数量有关。

（4）基于动态需求的药品采购。

采用需求动态模型和库存多元线性回归模型，研究了基于动态需求的药品采购，进行了保质期与失效率，库存与药品收入、可替代药品收入、就诊人次，药品需求与库存和失效率的定量研究。

（5）柔性以及供应链柔性策略分析。

对柔性以及供应链柔性的概念进行了介绍，并在对易逝品供应链特征分析的基础上，对数量折扣、快速响应、延迟策略、VMI技术、JIT采购、大规模定制等柔性策略的基本理论、特点、意义、适用范围及具体实施的成功例证进行了简单介绍，进而提出了柔性水平与收益平衡的相关策略以及供应链柔性收益与成本的度量。

（6）不确定条件下基于成本效益角度的信息服务产品大规模定制的平衡研究——以软件开发为例。

满足客户的个性化需求和大规模生产是信息服务领域中衡量服务质量和效益的重要因素，两者具有天然的矛盾性，因此如何取得某种平衡成为提升信息服务能力的关键问题。本书从成本与效益的角度，对信息服务大规模与个性化定制的平衡进行了深入研究，对寻求最佳大规模定制数值提出了边际成本的具体算法。

1.3.2 拟突破的重点和难点

（1）不确定条件下基于两阶段延期付款的零售商最优付款时间的模型构建。

两阶段延期支付作为前提条件，根据生产商允许零售商延期支付的可变期限、零售商允许消费者延期支付的可变期限与零售商的订货周期三者之间的关系，分两种情况建立 EPQ 模型，增加了模型的复杂性，是本书的重点和难点问题。

（2）信息不确定条件下动态定价的易逝品供应链优化与协调的模型求解与算法设计。

本书以最低价中标、期望效用取得最大值为原则，最终得到竞争中承包商能获得期望效用的最佳报价点。但在实际博弈中，投标人竞争对手的投标报价策略往往是随着市场及自身条件的变化而变化的，增加了研究的难度。

（3）基于动态需求的药品采购模型求解与算法设计。

随机需求环境下保质期与失效率、库存与药品收入、可替代药品收入、就诊人次，以及药品需求与库存和失效率的定量研究是本书将要解决的一个重要问题。

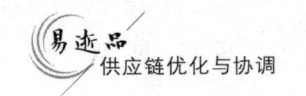

（4）不确定条件下基于成本效益角度的信息服务产品大规模定制的平衡研究。

从成本与效益的角度，对信息服务大规模与个性化定制的平衡进行了深入研究，寻求最佳大规模定制数值的具体算法是研究的难点。

1.4 研究思路

本书遵循"先分解后集成，从理论到实践"的研究思路。

（1）易逝品供应链优化与协调相关理论分析。

先介绍了易逝品、易逝品供应链、供应链协调基本理论，最后对易逝品供应链不确定性种类以及引起不确定性的各种原因进行了归纳和分析。

（2）基于两阶段延期付款的零售商最优付款时间的研究。

①建立模型：针对退化性商品，把两阶段延期支付作为前提条件，根据生产商允许零售商延期支付的可变期限、零售商允许消费者延期支付的可变期限与零售商的订货周期三者之间的关系，分两种情况建立 EPQ 模型。

②模型求解：通过模型确定零售商付款期限，使零售商利润达到最优。

（3）信息不确定条件下动态定价的易逝品供应链优化与协调研究。

①建立模型：建立在需求信息不对称情形下的承包方最优报价模型。

②模型求解：以最低价中标、期望效用取得最大值为原则，最终得到竞争中承包商能获得期望效用的最佳报价点。

（4）动态需求的药品采购研究。

①建立模型：建立药品采购模型和库存的多元回归模型。

②模型求解：在动态需求环境下，基于模型推导得到供应链整体优化决策方程。

（5）柔性以及供应链柔性的理论。

对柔性以及供应链柔性的概念进行了介绍，并在对易逝品供应链特征分析的基础上，对应地提出了柔性策略；进一步提出了柔性水平与收益平衡的相关策略以及供应链柔性收益与成本的度量。

（6）基于成本效益角度的信息服务产品大规模定制的平衡研究。

①建立模型：建立总成本目标函数。

②模型求解：寻求最佳大规模定制数值，即从成本与效益的角度，对信息服务大规模与个性化定制的平衡进行了深入研究，对寻求最佳大规模定制数值提出了边际成本的具体算法。

第 2 章 相关理论研究

2.1 易逝品

2.1.1 易逝品的概念

因为生命周期短,易逝品又称易变质产品、时效品、时令品、时尚品或季节性产品等。如图书报纸杂志、待飞班机上的舱位、医院的病床、球赛的门票、易腐物品(如牛奶、面包、月饼、生鲜产品和鲜花等)、时装、元旦贺卡、圣诞礼物、玩具、高科技产品(如半导体和数码通信等消费类电子产品等)以及消费者化定制的特殊零部件(如模具)等。

P. M. Ghare(1963)最早对易逝品问题展开研究。直到 20 世纪 90 年代,易逝品库存理论的大多数研究仍局限于传统意义上易变质产品的研究,所研究的易变质产品定义为:由于时间的推移而腐烂、损坏、挥发、干燥的产品,诸如水果、鲜花、绿色蔬菜、血液、胶片、酒精、汽油、放射性物质等[1]。

Lawrence R. Weatherford(1992)拓展了易逝性的适用范围,提出了易逝性产品的概念:易逝性产品存在销售时间限制,一旦超过这个时点,若产品未被售出,则针对这段销售时间而

---

[1] 文晓巍:《变质商品供应链库存策略研究》,东南大学,2006 年,第 3 页。

言,产品残值很小甚至为负值。

越来越多的研究表明,易逝品的内涵正在发生变化,更多的学者把易过时产品(例如快速贬值的电子产品如手机、电脑、信息服务产品)都归入易逝品的行列。这不仅在于快速贬值商品(易过时产品)和传统的易逝品拥有共同的库存模型,而且也符合市场发展的趋势。G. Q. Brown(1964)在国际权威期刊《管理科学》上发表的"Dynamic modeling of inventories subject to obsolescence"一文是最早对易过时产品的库存控制问题的研究。当前易逝品最重要的组成部分为易逝性高科技类产品。宋绍峰(2002)将易逝性高科技产品定义为:高科技产品的市场价值随着时间的流逝快速递减,但使用价值犹在;即使是由于新产品的进入使得老产品最终推出市场,其使用价值仍旧没有任何改变。

2.1.2 易逝品的特征

易逝品的最主要特征是产品的易逝性,具体表现在以下几个方面[①]:

(1)具有变质率。

易逝品,是容易发生腐烂变质的物品,因此具有一定的变质率是易逝品的第一特点。正是具有了这一特点,使得在研究易逝品库存问题时,增加了研究的复杂性。由于易逝品具有变质率,所以易逝品的数量会随着时间的延长而不断减少,相应增加了零售商的成本。一般我们将其变质率设定成以下几种:常数腐败率、一般时变腐败率、泊松分布腐败率、威布尔(Weibull)分布腐败率。

(2)需求的不确定性较大。

---

① 张茜:《基于延期支付技术投入的易逝品库存策略研究》,天津财经大学,2016年,第2页。

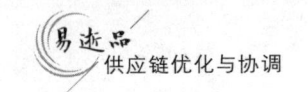

由于物品的功能与属性，大多数易逝产品都是非必需品（如鲜花、奶产品等），因此市场对之需求的不确定性较大，受社会经济水平、人们收入水平、季节周期、市场环境的变化等诸多因素的影响。

(3) 产品生命周期短暂。

激烈的市场竞争，消费者需求偏好的不断变化，产品的更新换代速度不断加快，易逝品的生命周期也随之逐渐缩短。

(4) 期末残值低。

易逝品期末未售出的商品残值极低甚至还需要处理成本。

(5) 较强的产品替代效应。

易逝品附加值较高，但价值衰退迅速，收益高但更多的是高风险，产品日益个性化，市场需求和价格波动频繁，具有较强的产品替代效应。

2.1.3 易逝品产生的原因

易逝品不同于一般类型的商品，有其自身的特点，产生的原因如下：

(1) 技术的进步和市场的竞争。

随着经济全球化的日益深入，市场竞争日趋激烈，企业只有在时间、价格和服务上取得优势，才能跟上市场的发展。事实上，技术的快速更迭和产品的仿制，使得原有产品更新换代的频率越来越高，生命周期越来越短。这些产品在库存和销售环节中，将会随着时间的流逝而出现贬值的现象，甚至会因为价值的降低而退出市场。2009年1月5日第1期《计算机世界报》指出，对于厂商而言，粗犷型发展路线必然被集约型发展路线取代，分享市场快速发展的蛋糕变得更加困难，实际上移动U盘、传统MP3产品就已经走向低速增长；而与此同时，数码相机、电子相框等产品却仍然保持迅速发展。产品的更新换代无疑会成为 2009 年数码产品市场的主旋律之一[1]。高科技产品的研发更新期，20 世纪 70 年代为 10 年，80 年代初为 70 个月，90 年代初缩短为 42 个月，90 年代中期减至 30 个月，而目前只需 18 个月。一项调查表明，75%~90%的新产品上市一年后就会迅速从货架上消失[2]。

(2) 消费者个性化要求。

卖方市场下企业占有绝对优势，他们一般倾向于生产标准化的商品，以大规模的生产降低产品成本，从而刺激产品的需求，而这又进一步导致了生产规模的扩大和产品成本的降低。在这样一个循环中，消费者较弱的购买力水平决定了个性化的需求要屈从于对产品价格的关注，从而导致了统一的市场需求形成。但随着消费者购买力的不断增强，对产品的个性化要求就会越来越明显，企业所熟悉的大规模生产渐渐无法满足市场需求的多样性，竞争的需要使得生产企业不得不面对需求的不确定而服务于更小的细分市场，从而导致易逝品的不断产生。例如随着中国汽车产业和汽车市场的发展，汽车产品已从"代步工具"转变为一种集休闲、娱乐为一体的个性化消费品，消费者对汽车娱乐方面的要求不断提升，车载娱乐产品市场也不断发展。有专家指出，集成化车载电子产品将是未来汽车的娱乐终端，所有车载娱乐产品都将被集成到这套系统中。因此，消费者的个性化需求加速了传统产品的易逝性。

(3) 功能性易逝品和创新性易逝品的相互融合。

易逝品一般可以分为功能性易逝品和创新性易逝品。

功能性易逝品主要用于满足人们的基本需要，不会随时间有

---

[1] 谢小良：《易逝品库存运输整合优化》，中南大学，2010 年，第 12 页。
[2] 宋绍峰：《易逝性高科技产品定价理论与方法研究》，四川大学，2006 年，第 2 页。

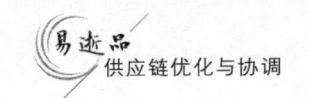

较大的变化，它们一般有较长的生命周期，市场需求较稳定且可预测。这类产品的市场稳定性使得生产企业面临的市场风险较小，市场竞争往往很激烈，因此产品的边际利润率一般较低。

创新性易逝品主要用于满足人们的个性化需求，比如时装和手机等。这类产品一般生命周期较短，市场需求难以预测；但由于产品融合了较多的技术成分，有较强的时间价值。市场的先入者往往可以获得较高的边际利润，由于很难确定消费者对新产品的态度，缺乏可参照的消费资料，加之产品的生命周期短，产品需求的预测较为困难，因而企业面临较大的市场不确定风险。

目前，由于市场竞争的加剧，越来越多的消费类商品开始具有创新性产品的特点。功能性易逝品和创新性易逝品的相互融合使得产品的需求不确定和短生命周期特性扩散到一个越来越广的领域。

（4）产品的时间性与季节性。

有些易逝品特别是服务性产品，具有很强的时间性与季节性，一些产品可能因为超过了某一时间或季节，其效应降为零。如飞机的座位、酒店的客房、剧场的票位等，如果在某一时间段未售出，这些产品的价值将变为零；又如时装、中秋月饼等都具有较强的季节性。

（5）环境的变化。

有些易逝品，因为环境的变化，影响消费者消费偏好的改变。例如一场篮球比赛的结果，可能影响到次日消费者对某种产品的购买兴趣；一个崇拜偶像的陨落，可能引起成千上万件T恤衫的滞销积压；一个新的景点或地铁的建设与开发，可能引起当地房产的升温等。

（6）腐烂、衰退、物理损耗等。

①腐烂，比如容易腐烂的食品、水果、蔬菜、肉类等。

②衰退，比如放射性物品。

③物理损耗，比如酒精、香水等挥发性液体。大量的物品在存储中会发生变质，经过一段时间以后部分或全部发生变质而不能使用。

2.1.4 易逝品变质率

变质率是指物品在一定时间内发生变质的程度，它是可以帮助我们判断物品的质量和保质期的一个重要的指标。

各类易逝品变质率虽然有所差别，但由于自然因素或市场因素的影响，都具有较短的生命周期，因此对于易逝品变质率研究一直是库存理论研究的经典问题。Gare（1963）和 Schrader（1963）最早研究了常数腐败率的连续腐败库存模型，并将腐败数量表示为库存数量和时间的函数。后来，一些学者对于连续腐败率这一问题进行了深入研究，研究得最多的是常数腐败率、Weibull 分布腐败率、一般时变腐败率等。

从现有学者研究的易逝品库存模型来看，一般考虑将易逝品的变质率定为固定的或者随机的，研究得最多的是常数变质率、时变变质率以及服从 Weibull 分布的变质率三类[①]。

（1）常数变质率。

常数变质率指的是在易逝品的存储过程中，商品发生变质，且是关于商品库存成常数比例发生变质。在日常生活中这种情况并不常见，只是学者们为了研究方便而做出的理想假设。

（2）时变变质率。

时变变质率指的是易逝品的变质率是关于时间的函数。一般将其描述为关于时间递增的函数，如：

$$\theta(t) = \frac{1}{[1+(T-t)]}$$

---

① 陈萌：《基于延期支付的易逝品订货策略研究》，华中科技大学，2012年，第5~6页。

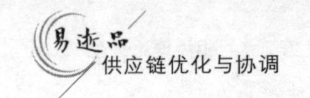

其中，T 为零售商的补货周期，t 是商品的库存时间点。

(3) 服从 Weibull 分布的变质率。

服从 Weibull 分布的变质率指的是商品的变质率为随机变量，且服从 Weibull 分布。主要包括：

服从两参数 Weibull 分布的变质率，变质率表示为：$Z(t) = \alpha \beta t^{\beta-1}$。

服从三参数 Weibull 分布的变质率，变质率表示为：$Z(t) = \alpha \beta (t - \gamma)^{\beta-1}$。

其中：

α：易逝品变质的尺度因子，$\alpha > 0$。

β：形状因子，表示易逝品对时间的敏感度，$\beta > 0$。

t：易逝品在生命周期中的某个时间点，$t > 0$。

γ：位置因子，且 $t \geqslant \gamma$。

2.2　易逝品供应链

2.2.1　易逝品供应链的特点

易逝品的生产和销售覆盖了许多产业，比如食品业、服装业、报刊图书业、玩具业、高科技产品业、酒店和航空服务业等。随着人民生活水平的提高，消费者需求愈加突出个性化和多样化；同时，科学技术的迅猛发展，促使产品的更新换代不断提速，以致产品生命周期逐渐趋短。这些变化导致越来越多的产品具有易逝品的特征，从而也使得易逝品供应链管理成为供应链管理中的一个重要内容。随着市场竞争的不断加剧，易逝品供应链呈现如下特点：

(1) 产品生命周期趋短。

产品生命周期是指一种产品从进入市场到最后被淘汰的全过

程，主要取决于市场需求和市场竞争状况。随着科技的发展和消费者需求多样化的趋势，易逝品生产企业的开发能力也在不断提高，新产品的研制周期大大缩短。比如，市场上流行的移动 U 盘，其更新换代比较快，产品周期一般小于 12 个月[①]；手机行业一大特征就是升级换代极快，其平均寿命约为 2 年[②]。由于产品在市场上存留时间大大缩短，企业在产品开发和上市时间上的活动余地就越来越小，这给生产企业的发展以及下游销售企业的营销都造成了巨大的压力。

（2）市场需求不确定、难以预测。

易逝品生命周期短以及品种多使得对产品需求的准确预测变得很困难。另外，易逝品中有很多都属于创新性产品，由于这些产品的全新性，没有可参照的相关历史销售数据，从而更加难以预测其所面临的市场需求。正是市场需求的不确定性给供应链各个节点企业的运作和经营带来了巨大的风险。

（3）产品呈多样化趋势、种类繁多。

由于消费者需求的多样化越来越突出，生产企业为了更好地迎合其需求，便不断推出新的品种。比如，2019 年上半年，国内市场移动通信终端上市新产品 711 款。其中手机 246 款，非手机终端 465 款[③]。另外，有些流行品旨在为消费者提供个性化的选择，以增加产品的附加值，因此对于同一类产品，提供了丰富的花色、品种、款式等组合，以吸引消费者购买。

[①] 王圣东、周永务：《带有两次订购机会且两阶段需求相关的 Newsboy 模型》，《控制与决策》，2009 年第 5 期，第 707 页。

[②] 吉扬：《Panasonic GD67 自制底壳够新鲜》，《广东电脑与电讯》，2002 年第 12 期，第 10 页。

[③] 甄清岚：《国内移动通信终端多样化发展趋势分析（2019 年上半年）》，http:// www.cww.net.cn/article?id=455430。

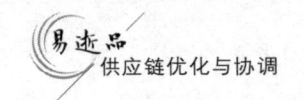

(4) 对交货期的要求越来越高。

随着市场竞争的加剧，经济活动的节奏越来越快，其结果是每个企业都意识到用户对时间方面的要求越来越高。用户不但要求厂家按期交货，而且要求的交货期越来越短。我们说企业要有很强的产品开发能力，不仅指产品品种，更重要的是指产品的上市时间，即尽可能提高对客户需求的响应速度。对于现在的企业来说，市场机会几乎是稍纵即逝，如果一个企业对用户要求的反应稍微慢一点，就可能让竞争对手抢占了先机。因此，缩短产品的开发、生产周期，在尽可能短的时间内满足用户需求，已成为易逝品供应链管理中最受关注的问题之一。

(5) 生产商的生产能力难以与客户的需求相匹配。

由于易逝品的需求不确定性大，并且生产商要在销售商订货前确定自己的生产能力，此时产品的市场销售量更加难以确定，所以在接到销售商订单时往往会出现生产能力不足或过剩的现象，从而导致生产商的生产能力难以与客户的需求相匹配。这种现象已经引起了学术界和企业管理界的高度重视，同时学术界和企业管理界也采取了许多措施来克服二者之间的不匹配。比如，美国宾夕法尼亚大学沃顿商学院的 Fisher 教授所提出的精准响应理念等。但是，这些措施只能缩小生产能力与需求之间的差距而不能根除二者之间的不匹配。

(6) 组织架构进一步精简。

供应链成员的类型及数量是引发供应链管理复杂性的直接原因。在当前的供应链发展趋势下，越来越多的易逝品生产企业开始考虑减少物流供应商的数量，并且这种趋势非常明显与迅速。

归结以上易逝品供应链管理问题的特征可知，首先，由于易逝品具有较强的时效性和较大的需求波动，这就决定了易逝品供应链的生产经营风险比较大。其次，由于市场因素（消费者对产品、产量、质量、交货期的需求和供应等）和经营目标（新产品、市场拓展等）往往带有很大的不确定性，这些不确定性因素导致了易逝品供应链管理的复杂性。另外，在易逝品供应链管理中，企业仅靠自身的竞争优势已经无法获得领先地位，必须考虑到自身的核心能力和资源与供应链上其他成员的核心能力和资源的集成，并将战略联盟作为自己获得领导地位的管理手段和战略工具。因此，易逝品供应链管理宽泛的研究领域、多变的可能合作方式及在变革、演进中呈现出来的种种问题，表明了易逝品供应链管理既是实践的客观需求，又预示着其在理论创新上的强大生命力，同时也为分析问题、研究对策提供了广阔的空间[①]。

2.2.2 易逝品供应链的特殊性

易逝品供应链与其他商品供应链相比较，有着市场响应速度快、产品多样化、生产经营风险大、供应链管理复杂难度大等显著的特殊性[②]：

（1）市场响应速度快。

易逝品的市场需求千变万化，商品替代性较强，市场供给能力不断增强甚至出现剩余。在这种情况下，易逝品供应链要想提高市场份额，增强自身的卖方市场实力，就需要快速响应市场，在极其短的时间内掌握并满足市场需求。

（2）产品多样化。

在易逝品行业中由于不断突显的市场需求差异化，产品供应商为迎合并满足市场需求，只能不断地提供新产品，导致供应链上产品品种、数量不断增加。

---

① 崔雅斐：《易逝品供应链的柔性回购契约协调研究》，重庆交通大学，2016年，第10~11页。

② 王维：《易逝品供应链的回购契约机制研究》，兰州交通大学，2014年，第14页。

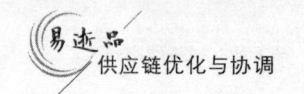

（3）生产经营风险大。

由于不断提供多样化的产品，产品供应商需要不断地增加成本，同时供应链面临的市场需求又在不断变化。这使投入的成本不一定会带来收益，甚至会导致供应链上一些企业亏损。

（4）供应链管理复杂、难度大。

易逝品各产销企业通过产品组建成供应链，但易逝品生命周期短，从而导致供应链生命周期相应缩短。多数情况下，企业之间是短期合作关系，管理和协调较为复杂。此外，各企业内部由于面临的市场需求不确定，增加了企业自身的管理难度。因此，易逝品供应链的管理复杂、难度大。

（5）生产商的生产能力难以与客户的需求相匹配。

由于易逝品的需求不确定性较大，并且生产商要在销售商订货前确定自己的生产能力，所以往往会出现生产能力不足或过剩的现象，从而导致生产商的生产能力难以与客户的需求相匹配。

综上所述，易逝品供应链特性显著，需要不断地协调和管理，使其快速地响应市场，增强竞争力。

2.3 供应链协调

2.3.1 供应链协调的定义

供应链协调主要是为了通过使用各种方法或者措施使供应链中各节点企业之间减少冲突竞争，降低内耗，相互之间能够更好地分工合作，充分发挥供应链的竞争优势以获得整体绩效最大化。到目前为止，国内外对供应链协调还没有一个统一的定义。

T. W. Malone（1994）对协调的定义是：协调指管理各种行为间的相互依赖关系。F. Bemstein（2005）给出了一个"完美协调"的定义，认为协调后分散控制系统下的供应链整体利润与集中控制系统下的整体供应链利润相等时,供应链获得的协调称为完美协调。F. Sahin(2002)将供应链协调定义为所有成员的所有决策行为都是为了实现系统全局目标的一种状态。X. Gan(2004)认为供应链系统协调是指分散式供应链系统达到集中式供应链系统同样的绩效。如果供应链中各参与方均为风险中性,则在分散式供应链的期望利润等于集中式供应链期望利润的条件下,供应链系统实现协调;如果供应链中各参与方不全为风险中性,则在分散式供应链中参与各方达到帕雷托最优的条件下,供应链系统实现协调。

李赤林(2003)认为所谓供应链协调,是指供应链中的所有阶段都一起行动来增加供应链的总利润,否则就是供应链失调。庄品(2004)把供应链协调定义为,供应链协调就是基于供应链成员之间物流、资金流、信息流等要素,设计适当的协调激励机制,通过控制系统中的参数有效地控制系统的整体,使之从无序转换为有序,达到协同状态,从而在供应链成员之间建立战略性合作伙伴关系,合理分配利润,共同分担风险,提高信息共享程度,减少库存,降低总成本,最终实现系统的整体效益大于各部分子系统的效益之和。

对上述供应链系统协调定义进行分析和总结[①]:

(1)强调了供应链系统成员行为间的相互影响及这种影响对供应链系统协调的作用。

定义包含的内容较广,将"合作"和"协作"等行为都包括了,"合作"和"协作"在管理行为间的依赖关系上有各自的内涵。定义进一步提出,如果不存在相互依赖关系,则没有什么需要协调的;依赖性越强则越需要协调。

---

① 李燕林:《易逝品供应链系统协调机制研究》,上海海事大学,2006年,第13页。

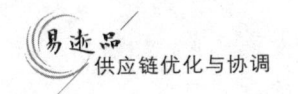

(2) 提出了协调的三维因素。

定义提出了协调的三维因素，随着维数的增高，协调的复杂性、各成员承担的风险和利润分配难度越高，协调的层次逐级升高。定义强调了这些因素在供应链系统成员战略上的重要性。通过供应链最大化供应链系统网络中各成员的价值，尽最大努力实现协调。但如果各成员在最大化自己利益时与实现整体协调相矛盾，则在完全竞争市场条件下需要有解决个人理性与集体理性之间冲突的方法。这种方法不能否认个人理性，而是设计一种机制，在满足个人理性的前提下达到集体理性。

(3) 用风险的概念体现了供应链管理中不确定因素的存在。

定义中用风险的概念体现了供应链管理中不确定因素的存在，并指出协调应该包括某种收益分配方案，从系统整体出发兼顾各成员的利益。

(4) 从网络的角度对供应链系统协调进行定义。

该定义更进一步指出供应链系统网络协调不仅仅包括供应链上企业间的协调，更包含企业内部的协调。

(5) 从协调运作方式和协调目标角度给出了供应链系统协调的概念。

供应链体系协调的首要是目标的协调，使各企业的目标与供应链的目标兼容；其次是运作方式的协调，如生产制造、设计开发等的协调。

2.3.2 易逝品供应链系统失调的原因

一般认为，供应链系统具有网状的结构，具有复杂性、动态性、交叉性和面向需求用户等一系列的基本特征。上述供应链系统的结构特点以及由此决定的基本特征，使得供应链不易达到协调的状态，而在实际运营中，供应链系统失调的状态是一直会出现的问题。为了实现供应链系统的协调，我们必须找出致使供应链系统不协调的原因。

根据总结与归纳可以发现,引起供应链失调主要有不同阶段的目标可能发生冲突而引起的供应链失调、信息的不对称性造成信息在不同阶段传递时扭曲而引起的供应链失调、不确性引起的失调[①]。

2.3.2.1 不同阶段的目标可能发生冲突而引起的供应链失调

如果供应链是属于分散模式,不同的阶段属于不同的所有者,则供应链中各个企业的目标是不同的,可能存在冲突。因为每个供应链成员都努力追求自身利益的最大化,结果整体供应链绩效降低,最终导致供应链失调。比如,零售商希望通过过量采购或超前采购而从供应商获得数量折扣,但是这种采购却引起库存的增加;而对于运输与分销环节,供应商总希望通过运输的规模经济来降低运输成本,但由此却引起了库存成本的上升和服务水平的下降。但是如果各个企业在最优化自身的计划时,并未与其他企业进行必要协商,则供应链会失调。

为了消除目标冲突,实现供应链协调,必须克服以下几个障碍:运营障碍、定价障碍、激励障碍、信息处理障碍和行为障碍。

(1) 运营障碍。运营障碍就是指在发送和履行订单过程中所采取的会导致变异程度增大的行动。这类障碍具体分为三种形式:

①采用大批量订货方式:当企业的订货批量远远大于出现的需求所要求的订货批量时,供应链中的订货量的变异程度将会被

---

① 吴龙生:《需求信息更新下缺货成本共担的易逝品供应链协调研究》,重庆大学,2013年,第10~11页。

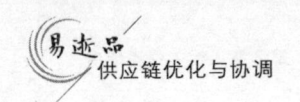

放大。

②设置过长的补货提前期：如果供应链内各阶段之间的补给供货期延长，则"牛鞭效应"进一步放大。

③定量配给和短缺之间的博弈：由于供应商的生产能力有限，零售商不得不通过博弈来获得更多的订货量。

（2）定价障碍。定价障碍就是指某一产品的定价策略会导致订单规模变动性增加这样一种情况。这些障碍具体包括两种情形：

①基于订货批量的数量折扣：在订货过程中所发生的固定成本包括与订单的发送、货物的运输、货物的接收等相关的成本。

②价格波动：由于供应商所发起的商业促销和其他短期折扣活动导致超前采购，超前采购期定货量大增，而过后定购量又极少。这种促销手段导致供应商送货量呈现变动性，其变动幅度明显高于零售商销售量的变动幅度。

（3）行为障碍。行为障碍是指在一个特定的组织或文化环境中存在着现实的或感知的差异，并且这种差异导致了情绪性反应并引发供应链绩效低下的现象。

（4）激励障碍。激励障碍是指给予供应链内不同阶段或参与者的激励会导致总体利润下滑的情形。

这类情形主要包括两种情形：

①供应链职能部门或阶段的局部优化问题。

②供应链各阶段的销售人员激励问题。

（5）信息处理障碍。需求信息在供应链不同阶段之间的传递过程中发生扭曲，从而导致供应链内订货量变异程度加大的问题，我们称之为信息传递处理障碍。

信息传递处理障碍又可分为两种：

①基于订单而不是基于消费者需求的预测方法。

②信息资源未能共享。

2.3.2.2 信息的不对称性造成信息在不同阶段传递时扭曲从而引起供应链失调

供应链成员企业互相合作是供应链良好运作的基础。在良好运作基础上，供应链上的企业可以了解到另一个合作企业的生产作业计划等相关信息。如果缺乏强烈的合作愿望，供应链的协调运作是不可能的。缺乏信任与合作将导致许多高效的供应链管理方法在实践中无法达到预期效果，甚至产生破坏作用，严重影响供应链协调运作，而企业间缺乏信任与合作的重要表现是企业间的信息不能共享。

信息共享是实现供应链管理的基础，准确可靠的信息可以帮助企业做出正确的决策。供应链的协调运行建立在各个节点企业高质量信息传递与共享的基础之上，信息技术的应用有效地推动了供应链管理的发展，它可以节省时间和提高企业信息交换的准确性，减少在复杂重复工作中的人为错误，因而减少由失误导致的时间浪费和经济损失，提高供应链管理的运行效率。共享信息的增加对供应链管理是非常重要的，如果做不到信息共享，那么信息在不同阶段传递时，就会发生扭曲，而这种扭曲又由于供应链产品的多样性而被放大。

2.3.2.3 不确定性引起供应链失调

供应链上各企业面临上游的供应不确定性、下游的需求不确定性、节点企业间的衔接不确定性、企业内部的运作不确定性等。这些不确定性导致供应链系统最优不能实现，从而供应链失调。

2.3.3 易逝品供应链系统失调的表征

以下就产生供应链不协调的两个主要原因（双边际效应、牛鞭效应）在供应链实际运营中的表征做具体分析[①]。

2.3.3.1 双边际效应

1. "双边际效应"的定义

"双边际效应"的概念首先是由 Spengler 提出的，他假设需求是一种确定性的、向下倾斜的曲线。在此条件下，如果生产商的批发价高于边际生产成本，那么独立的以利润最大化为目标的销售商将选择高于联合利润最大化水平的零售价。由此可见，当供应链的各成员都试图最优化自己的利润时，供应链整体的利润将不可避免地受到损害，就会出现所谓的"双边际效应"。根据 Spengler 研究的"双边际效应"可以发现，其主要是从价格的因素考虑"双边际效应"，即当供应链的各成员都试图最优化自己的利润时，不恰当的定价会导致"双边际效应"的出现。

此后，Tirole（1988）从订货量的角度对"双边际效应"进行了进一步研究。Tirole 认为"双边际效应"是指供应链上下游企业均按自身的"边际收益－边际成本"确定其最优的订货量，而不是按整个供应链的"边际收益－边际成本"确定最优的订货量，即每个实体只考虑自身边际利润而不考虑整个系统的边际利润，造成需求方订货量少于系统最优订货量，从而导致的系统整体利润下降。

综上所述，无论是从价格角度或是定货量角度研究"双边际效应"问题，学者们都一致地认为"双边际效应"产生的原因在于整个系统中各个子系统的利润目标的冲突，而产生的结果都使得系统整体的利润下降，系统中各个子系统也无法实现各自最大

---

① 李燕林：《易逝品供应链系统协调机制的研究》，上海海事大学，2006 年，第 16~18 页。

化的利润。

2. "双边际效应"现象出现的必然性

根据以上对"双边际效应"的定义可知,"双边际效应"问题的本质在于供应链上的个体与供应链整体目标不一致,即每个实体只考虑自身边际利润而不考虑整个系统的边际利润。由此,决定了"双边际效应"在现实的供应链中是普遍存在的。

首先,根据"双边际效应"的特点,只要有两个或两个以上的成员来分割供应链系统的利润,就会产生"双边际效应"。而在现实中,供应链系统必然地是由若干个利益相对独立的企业组成的分散式供应链,各个企业为实现各自利润的最大化,各自从自身的边际利润考虑出发,制订生产销售计划,由此,"双边际效应"就无可避免地出现了。

其次,企业正由纵向一体化向横向一体化发展。纵向一体化是企业通过兼并收购等多种手段,从所有权上控制整条供应链或供应链的多个环节,从而降低供应链上各环节的不确定性,提高企业的竞争能力。但是,随着全球经济一体化以及市场需求越来越呈现多样性、不确定性,纵向一体化的负面效应开始不断增大。由此,越来越多的企业朝着横向一体化的模式发展,而横向一体化的本质就是企业充分利用外部资源以快速响应市场需求的发展模式,通过企业与企业之间横向的强强联合获得竞争优势。而横向一体化的发展模式必然导致产生多个企业在供应链上的共同发展问题,所以"双边际效应"依旧将继续存在。

2.3.3.2 牛鞭效应

1. "牛鞭效应"对供应链系统协调的影响

"牛鞭效应"是供应链中生产商所接受的订单比终端客户的

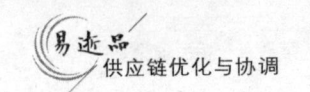

需求具有更大的方差的现象（即需求扭曲现象）；同时，这种扭曲将以放大的形式向供应链的上游传播（即方差放大现象）。

由此描述可以发现，"牛鞭效应"实际上是供应链上信息传递过程中所出现的一种扭曲形式，也就是说，供应链上某个节点企业所面临的下游企业的实际需求量与该企业向其上游节点企业所发出的定货量存在一定程度上的偏差，这种偏差沿着供应链由下至上具有不断放大的趋势。

鉴于本书的研究对象为两级供应链而非多级供应链，即为供应链中的相邻两个节点，如生产商和销售商，或者分销商和销售商，因此，本书的研究主要解决相邻节点企业的需求信息的扭曲方面，而非需求扭曲以放大的形式向供应链的上游传播方面。

2. "牛鞭效应"的消除方法——信息共享

在供应链系统中，企业间的信息是不对称的，由于缺少信息交流和共享，企业无法掌握下游的真正需求和上游的供货能力，只能增加库存水平。同时，供应链上无法实现存货互通有无和转运调拨，只能各自持有高额库存，这就导致并加剧"牛鞭效应"。因此，消除"牛鞭效应"可以通过信息共享的方法，提高供应链的绩效。

就目前来看，随着信息技术的发展，信息共享的种类、方式层出不穷，日趋完善，使得供应链上企业间的信息共享成为可能。但我们必须考虑这样一个阻碍信息共享的重要因素：供应链上的企业是否自愿将其拥有的私有信息提供给其他企业成员。在实际运营中，出于商业机密、竞争等众多因素的考虑，供应链上的企业往往并不愿意将其拥有的私有信息主动地提供给供应链上的成员。这就意味着仅仅依靠技术手段还是无法完全实现真正意义上的信息共享。

因此，本书针对这一问题，试图通过运用合理、有效的激励机制促使供应链系统中的企业都能够主动、积极地提供各自拥有的信息,从而解决信息共享的问题。

2.3.4 供应链失调后果

供应链失调使得供应链各级库存增加、服务水平下降、订货提前期延长等。总体来说,供应链失调将产生以下后果:

(1) 供应链总成本增加。

"牛鞭效应"使得供应链的需求量从末端到始端逐级增加,最后库存水平远远超过供应链最优库存水平。多余的库存增加了供应链的运输成本、仓储成本、生产成本、资金占用成本、剩余库存处理成本等,从而导致总成本增加。

(2) 破坏供应链协作关系。

各节点企业之间的信息不对称,甚至信息谎报,造成决策目标冲突,各企业间处于一种紧张的博弈关系。彼此之间防备,不再信任,最后导致合作关系破裂,供应链终结或解体。

(3) 服务水平下降。

供应链总成本增加以及供应链协作关系的破坏后果进一步导致生产提前期延长、市场响应缓慢等连锁反应,从而降低供应链服务水平。

(4) 供应链利润降低。

供应链失衡后总成本上升,总利润相对下降,各节点企业的利润也随之下降。

(5) 提前期延长。

在面对高度不确定的市场需求时,生产商很难制定最优的生产方式,通常会出现生产能力和库存过剩或者无法满足需求的情况。在无法满足当前需求的情况下,供应的提前期也就随之相应延长。

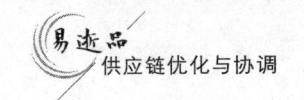

2.4 易逝品供应链不确定性分析

2.4.1 不确定性概念

什么是不确定？这是一个既简单又复杂的问题。说其简单，因为不确定＝不＋确定，英文单词亦如此，Uncertainty＝Uncer＋Tainty，即确定之外就是不确定。

为了更好地分析不确定性，我们首先来考察确定的含义。一般而言，确定不仅是指事物或过程本身的客观性，而且还意味着主体对客体知道、认识和理解程度。确定性就是指事物或过程具有"确定"的性质。"确定"即明确而肯定，所谓"不确定"即不明确、不肯定。不确定的量是表述系统中不确定性信息的量，如模糊量、粗糙量、灰色量、未确知量都是不确定的量。随机性与模糊性是产生不确定的原因。随机性是由于条件不充分，模糊性是由于事物本身概念不明确，从而产生认识的不确定。

不确定性是指事物或过程不具有"确定"那样的性质，或是"确定"性的缺乏，即事物或过程具有一定的规律性或真理性或完备性，但又同时具有一种不肯定性。

确定性与不确定性可以从"存在论"与"认识论"角度加以区分。确定性与不确定性，可称为存在论意义的确定性与存在论上的不确定性，如自然界本身具有不确定。从事物或过程的客观性角度来看，不确定性大致可以用"随机性""不肯定性""不完备性""不稳定性""没有确定的真理性"来表达。

1657年，荷兰著名人文、物理兼数学家克里斯蒂安·惠更斯（1629—1695）写成了《论机会游戏的计算》一书，可以说这是最早的概率论著作。在概率论中研究的是最简单的不确定性问题，即研究"在相同条件下一系列试验或观察，而每次试验或观察的结果不止一个，在每次试验或观察之前无法预知确切的结果，即呈现出不确定性"，这种不确定性又称随机性。

C. Manolis 等（1997）认为，不确定性不是一个一维的概念，而应被看作一个多维概念，或者一个启发式的结构。不确定性包含了事物多方面的特征与属性。

H. Knight Frank（1921）将不确定性定义为，人们无法预料和难以测度的变化。根据奈特的定义，不确定性有多种划分，如根据产生的根源，分为自然的不确定性和社会的不确定性。

S. Makris 等（2003）认为，不确定性是客观事物联系和发展过程中无序、或然、模糊、近似的本质属性。

在经济学领域，李拉亚（2003）对不确定性问题进行了比较系统的研究。他在《通货膨胀与不确定性》一书中给出了不确定性的两种定义：一种是与概率事件相联系，通常用随机变量的方差来定义；另一种定义与概率事件没有联系，不确定性是一种没有稳定概率的随机事件。

在证券投资领域，汤光华（1997）在《证券投资的不确定性》一书中，从语言学的角度对不确定性给出了解释：不确定性是事物属性状态的不稳定或不可确知性，人们一般认为"不确定性"是指未来，其实无论过去、现在和未来，都有"不确定性"。

2.4.2 供应链中不确定性的定义

目前国内外的学者主要是从供应链的供给和需求两方面对不确定性进行研究。例如 Davis（1987）指出供应链中不确定性主要来源于供应商、生产商和消费者。R. Wilding（1998）在文献中指出，供应链的不确定主要有运作过程的不确定性、需求的不确定性和生产的不确定性。G. Persson（1995）指出在供应链的运作过程中存在越多的不确定性，就存在越多的损耗。

关于供应链不确定性的定义，许良和尹洁（2011）提出了供

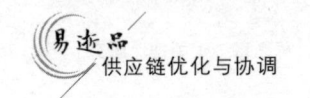

应链系统管理的五个要求。这五个要求分别是：

(1) 管理系统应该有一个目标和相应的绩效衡量指标，以一个正确的方向来管理供应链。

(2) 要想预测将来的系统状态，必须要具备当前环境和供应链现状的信息。

(3) 要有足够的信息加工能力，从而可以有效处理当前环境和供应链状态的信息。

(4) 为了能以正确的方向管理和设计供应链系统，决策者应该有能力判断选择性行为的影响。这就要求系统模型在有效地重新设计变量和绩效衡量指标之间呈现关联性。

(5) 应该有足够的潜在的控制行为。每一个与环境相结合的供应链状态都要求有一个或更多个不同的控制行为，从而能够朝着目标的方向管理该系统。

G.A.Jack（2002）在上述学者研究的基础上，对供应链不确定性的描述如下：供应链不确定性主要是关于决策者不能清楚地知道什么需要决策，其目标也是模糊不清的；缺乏对供应链和周围环境的信息的了解；缺乏信息处理能力；不能够正确预测供应链的控制行为的影响；缺乏有效的控制行为。

2.4.3 易逝品供应链中不确定性问题因素分析

在企业内外部环境越来越复杂，竞争越来越激烈的今天，在正向物流与逆向物流整合形成的闭环供应链系统中，易逝品供应链的不确定性因素也越来越多，本书从供应链的结构、不确定性产生的主体、产生不确定性的因素、环境、不确定性能否抑制的等多角度进行了分析。但是，不管是哪种不确定性，都会直接影响供应链系统的正常运行。

2.4.3.1 从供应链的结构角度进行分析

易逝品供应链的结构模式增加了企业生产经营活动的复杂性，使企业更多地受到外部原料供应商、间接的原料供应商和消费者的影响；也决定了供应链管理上具有复杂性、动态性、需求拉动、交叉性等特点，使供应链管理中存在许多不确定性，给管理带来困难。

从供应链的结构角度来看供应链中存在的不确定性可以概括为五种类型：供应的不确定性、需求的不确定性、隐含需求不确定性、衔接的不确定性和企业运作的不确定性。

1. 供应的不确定性

供应的不确定性问题主要与供应商以及物料采购有关，供应商无法保证能准确地供给符合质量的原料是供应链中不确定性因素形成的主要来源之一。其形成原因可能是供应商本身制造的问题，或是在配送过程中受到外在环境的干扰。

现有研究主要从供应库存、供应产出、供应定价三个方面对供应的不确定性进行了描述[①]。

（1）供应库存。

由于"牛鞭效应"、产品订货提前期及订货点不一致叠加影响，供应库存出现不确定现象。现有学者主要从柔性库存、控制提前期、补货回购等不同角度讨论优化供应库存的不确定性。

①柔性库存方面。A. Gupta（2000）利用双阶段与对偶线性随机规划法捕捉多点供应商规划下库存不确定性，设定库存牛鞭标准偏差。徐春迎（2005）建立了理想补给周期供给条件下安全

---

① 杨传明、李晓峰、王佳：《供应链不确定性管理研究述评与展望》，《科技管理研究》，2014年第12期，第195~196页。

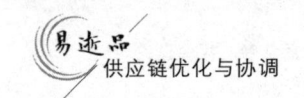

库存水平。G. E. Applequist（2000）整合了供应折扣投资预期值与风险效应设计库存不确定性评价指标体系。Mormingnan（2011）设定了系统回购成本及库存方差比例，利用近似饱和算法改善供应库存动态响应能力。刘春玲（2012）建立了复杂供应链不确定切换系统模型，结合模型切换系统移植链间合作中供应库存运作波动和"牛鞭效应"。

②控制提前期方面。汪盈盈（2010）等分别通过建立库存费用期望函数、供需一体化库存模型、可控提前期连续盘点库存模型、供应商采购提前期库存管理模型等方法控制提前期。程云龙、潘显兵、秦春蓉等（2016）针对一个生产商和一个销售商组成的二级供应链，当生产商采取批量生产等量运输时，考虑到第一次订购的提前期包含生产启动时间和生产时间，提出各订购周期设置不同再订购点和采取不同的提前期压缩策略，建立了一个具有服务水平约束的提前期可控的一体化库存模型。禹海波、杨帆、李媛（2018）通过随机比较定量刻画提前期和需求不确定性对库存系统决策和利润的影响。

③补货回购方面。徐春明和赵道致（2016）在允许缺货的条件下，考虑租用货栈以及拖后延迟补货的情况，建立了以系统平均成本最小为目标的两货栈库存模型，从而将现有基于梯形需求的库存问题做了进一步扩展。张双和岳德权（2017）研究了一个销售损失制的带有位相分布提前补货时间的连续盘点 (s,Q) 库存系统，运用马尔可夫过程理论，建立系统稳态平衡方程并求出系统稳态概率。成诚、左传、王宜举（2018）针对供应商提供短期价格折扣且允许零售商两次特殊补货的库存系统，建立了以零售商库存效益最大化为目标的库存决策模型，分析了模型的性质，根据经济订单批量补货决策下补货时间点与折扣时段的关系，确定了零售商在不同补货策略下的库存效益增值函数。

(2) 供应产出。

供应产出的不确定性主要与随机产出、产能分配、供货延迟等因素相关。近年来，对产出不确定性问题的研究引起了国内外学者的广泛关注。

Yano 和 Lee（1995）全面阐述了由产出率带来的供应的不确定性对于最优库存的影响。Kazaz（2004）研究了在产出和需求均随机且销售价格和采购成本作为外生变量并随着产量的下降而增加的情况下，橄榄油生产企业的生产规划问题。Keren（2009）研究带有常数需求的产出不确定单周期库存，分别讨论了加型和乘积型的两种随机产出模型，通过数值说明产出率或者产出误差服从均匀分布时订购超过实际需求的产品对于批发商来说是最优的。Javad（2015）研究了在产出相依、连续时间常数条件下，产出的提高和变动对需求库存模型的影响。

徐最、朱道立和朱文贵（2007）提出了提升供应商产能、协调供应渠道的价格契约及补偿契约。王晓妍（2015）在传统供应链研究的基础上，将零售商公平关切引入产能分配研究，丰富了公平关切下供应链运作研究的内容，为供应商优化产能分配方式提出建议。罗军（2016）分析了供应商产出波动、需求波动分别对供应商定价决策、零售商订货决策以及供应链各方利润的影响。冯颖、余云龙和张炎治（2017）针对供应商、第三方物流服务商和零售商组成的农产品三级供应链，建立了随机产出与随机需求情形下供应商强主导、第三方物流服务商弱主导的三方非合作博弈模型。

(3) 供应定价。

慕银平（2011）、郑克俊（2012）运用时间窗、数值服务法、服务替换策略、折扣调整、价格差异等方法针对供应商单一渠道定价进行研究。

G. P. Cachon（2007）、A. Amid（2009）、肖剑（2010）分

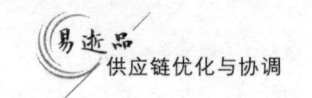

别设计了反应性价格随机模型、模糊加权添加法、混合整数线性规划、Stackelberg（斯塔克尔伯格）定价模型和 Bertrand（伯特兰德）博弈模型等帮助双渠道供应商进行模糊多目标决策。

林庆、何勇（2017）引入一个代表供应商批发价价差的独立变量，构建由一个双渠道供应商和两个不同类型零售商组成的分销结构模型，通过数值模拟，对比"相同批发价"前提下和"差异性批发价"前提下的市场均衡，剖析双渠道供应商差异化定价对整个商品销售渠道的影响机理。

王玥、陈洪转（2018）引入共生系数，研究利益分配下的供应链定价问题，应用复杂系统理论分析了系统的稳定性与混沌状态，通过数值模拟，发现供应商的价格调整速度影响供应链系统的稳定，共生系数影响生产商和供应商的利益。

2. 需求的不确定性

需求的不确定性形成原因是消费者在不定期的时间订购不规则的数量或是消费偏好随着时间的演变而转换，而这往往会导致企业产生需求预测误差。

需求的不确定性集中表现为客户需求量的不确定，以及需求分布在时间、空间上的差异性，需求结构的变动等。"牛鞭效应"就是供应链中需求不确定性的典型表现。

现有研究对于需求不确定主要从需求库存、计划设计、需求定价、需求合约四个方面着手研究。

（1）需求库存。

刘枚莲、李宗活（2017）从供应链领域的视角，构建碳排放税和碳排放权交易机制下的随机市场需求的供应链库存控制模型。

周愉峰、李志和刘思峰（2018）综合考虑储备库的库存费用、灾后应急速度、灾后需求的血型、血液储备库的容量、储备管理的预算等众多因素，构建了协同定位的国家血液战略储备库选址模型，为我国建立健全大型、高效的应急血液储备库提供依据。李鹏、陈菊红和吴迪（2020）考虑有缺货时产生的柔性成本和订货成本，在需求随机的情形下构建了一个包含两级分销系统的库存优化模型。

（2）计划设计。

对于需求不确定下供应链设计，Stanislaw Bylka（2004）通过研究历史仓储、顾客消费习惯等数据预测驼峰型需求。R. Fildes（2011）、徐家旺（2007）基于需求不确定改进 MRP（Material Requirement Planning，物资需求计划），分别将采购成本、利润总额、时间间隔、销售价格、装载能力等设为决策变量，利用部分追索权、模糊机会约束、分支定界、禁忌算法等方法建立单一规则的供应链计划。盛锋（2012）采用安全优化因子、边界初始化、保险系数选择、多阶段混合整数的方法，建立了两层对冲优化、三层界点控制、多周期随机优化等符合批量规则的多目标供应链期望模型。

（3）需求定价。

柳键（2003）、顾巧论（2005）、周永务（2006）、李根道（2009）等研究了单一企业链在需求价格不确定下如何利用混合整数线性规划、贝叶斯法、乘式需求函数、数值迭代等方法定义不确定参数，研究连续需求及周期需求的动态定价，从而实现阶段收益最优。H. Kocabiyik（2011）研究了在时间序列、需求饱和、价格参考、信息不确定效应等动态因素的影响下，构建线性需求函数、柯布－道格拉斯需求函数、期权机制模型、最优控制模型、Stackelberg 微分博弈模型，多阶段垄断或分散情况下开环或闭环供应链供需动态定价问题。

高晓敏、刘志学和左晓露（2016）研究了随机需求下两竞争零售商的定价策略选择（响应性定价或清仓定价）、产品订货量

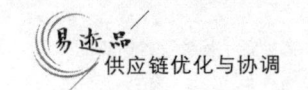

及响应性价格的联合决策问题。高举红、滕金辉、侯丽婷等（2017）用Stackelberg博弈论方法，构建了再制造竞争闭环供应链分散式和集中式定价模型，分析了新产品、再制造产品和废旧品的价格波动规律以及与系统成员期望利润之间的关系。

（4）需求合约。

需求合约主要从供应商及销售商两个方向进行研究。

施文武（2007）、邵晓峰（2008）从销售商角度利用信号博弈、数值迭代算法、额外柔性函数、最优生产控制等方法设计确定调度模型、随机排队模型、模糊库存模型等，研究需求不确定下单阶段及多阶段供应链补偿合约。

G. P. Cachon（2005）、杨令（2005）、吴建祖（2011）等在需求不确定环境下，从供应商角度及单级、多级多周期复杂供应链方面，建立主从博弈决策、收益共享补偿、VMI（Vendor Managed Inventory，供应商管理库存）协调等模型调节合约参数设计及取值区间，实现供应链协同以及帕雷托改进。

曲佳莉和胡本勇（2017）构建了包含供应不确定特征的基于收益共享合约的供应链决策模型。在模型优化基础上，首先，分别给出销售商的最优产品采购策略、供应商的最优半成品的采购策略和产成品的生产策略；其次，将供应链分散化决策与集中化决策时的最优策略进行比较，得出了存在供需不确定决策环境下的供应链协调条件；最后，揭示了在供应链协调时供应不确定与收益共享合约参数之间的互动关系。

3. 隐含需求不确定性

对于隐含需求不确定性，每个消费者的需求似乎应区别对待，但实际上，它们都能转换成隐含需求不确定性这一衡量指标。隐含需求不确定性是由供应链只是针对部分需求而不是完整需求造成的不确定性。

隐含需求不确定性主要取决于消费者的需求，且商品的复杂度越高隐含需求不确定性越高。因为消费者不确定是否需要该商品的新功能，比如最新的自动驾驶汽车。而对于日常消耗的单一功能物品比如果汁，不确定性就很低了。而且，商品的价格和数量波动大小也与隐含需求不确定性成正比。

需求不确定性和隐含需求不确定性的另一个差别在于服务水平的影响。当供应链提升其服务水平时，它必须能满足越来越高的实际需求百分数，为不寻常的需求高涨做准备。因此，提升服务水平就会增加隐含需求不确定性，尽管产品潜在的需求不确定性并没有改变。

产品需求不确定性和供应链试图满足的各种消费者需求都会影响隐含需求不确定性（见表2-1）。

表2-1　消费者需求对隐含需求不确定性的影响

消费者需求	对隐含需求不确定性的影响
需求数量范围增加	增加，因为更大的需求数量范围意味着更大的需求变化
提前期减少	增加，因为有更少的时间响应订单
需求的产品种类增加	增加，因为每种产品的需求变得更加分散
产品需求渠道的数量增加	增加，因为总的消费者需求通过更多的渠道被分散
革新率增加	增加，因为新产品趋于有更多的不确定性需求
需求的服务水平增加	增加，因为公司需要处理不寻常的需求高涨

由于每个单一消费者需求对隐含需求不确定性都有显著影响（见图2-1），增加隐含需求不确定性将导致供应和需求匹配的难度增大。表2-2介绍了隐含需求不确定性和其他属性之间的相关性，对一个给定产品，这种动态会导致产品的缺货或过剩。

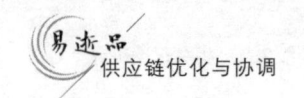

增加隐含需求不确定性会导致更高的供应过剩和更高的缺货率；因为供应过剩率高，具有高隐含需求不确定性的产品经常会减价销售。

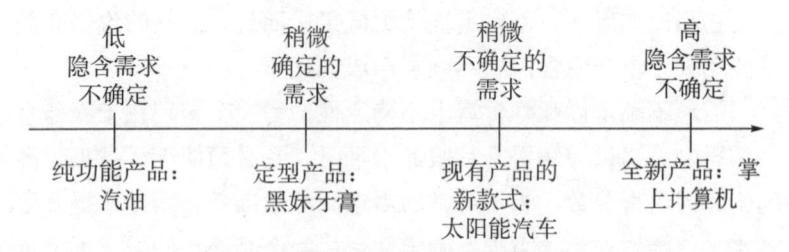

```
低                稍微              稍微              高
隐含需求          不确定的          不确定的          隐含需求
不确定            需求              需求              不确定
────────────────────────────────────────────────────────→

纯功能产品：      定型产品：        现有产品的        全新产品：掌
汽油              黑妹牙膏          新款式：          上计算机
                                    太阳能汽车
```

图 2—1　隐含需求不确定性水平

表 2—2　隐含需求不确定性和其他属性之间的相关性

属性	低隐含不确定性	高隐含不确定性
产品边际利润	低	高
平均预测误差	10%	40%～100%
平均缺货率	1%～2%	10%～40%
平均被迫季节性减价	0%	10%～25%

4．衔接的不确定性

供应链上物流环节衔接企业之间或部门之间不确定性可以说是供应链衔接的不确定性，这种衔接的不确定性主要表现在合作上。各企业都是根据其对需求的理解来制订市场计划的，这种理解具体表现为已经形成的订单和企业根据来自各方面的信息作出的预测。为了消除衔接不确定，需要加强企业之间或部门之间的合作。

衔接的不确定性集中表现为供应链上企业之间的信息共享程度较差，产生了信息孤岛现象，企业各部门之间和企业之间缺乏足够的交流和沟通。供应链中的信息是逐级传递的，上游供应链企业根据下游供应链企业的需求信息作出生产或供应决策。如果建立一个信息资源共享系统，使供应链的每一阶段企业都可使用消费者实际需求数据来进行更加准确的预测，而不依赖前一阶段企业发出的订单来预测；这样使供应链上的企业生产计划或库存计划更加精确、可行，进而降低衔接的不确定性。

5. 企业运作的不确定性

企业运作的不确定性主要是由缺乏有效的沟通、协调和控制机制、组织管理不稳定和不确定所造成的。

运作的不确定性集中表现为供应链上企业之间的信息共享程度差，企业组织内部缺乏有效的控制和供应链系统的稳定性差。建立一个信息资源共享系统，不仅可以集中需求信息、简化供应链结构，更能提高供应链中各主体之间的协调性和系统运作的稳定性，减少获得信息的时间延迟。

由于供应链各节点间关系的复杂多样性，集群供应链在给集群内的各企业带来巨大利益的同时，也增加了企业运作过程中的不确定性因素和风险。

2.4.3.2 从不确定性产生的主体角度进行分析

从不确定性产生的主体角度来看易逝品供应链中存在的不确定性可以概括为三种类型：供应商的不确定性、生产商的不确定性和消费者的不确定性。

1. 供应商的不确定性

供应商的不确定性主要源于生产商提前期变异程度增大或供应商交货的准时率低，订货方的订货量变异程度增大而供应商的规划手段不能相应改善等。供应商的不确定性分为：主导时间不确定、供应商产品能力不确定、供应商数目的变化不确定和关系

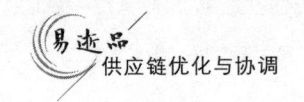

类型不确定。

2. 生产商的不确定性

生产商的不确定性主要源于生产商本身的生产管理和技术上的原因[①]。例如机器发生故障、工作人员工作失误或电脑管理产生误差，或是工作流程设计不佳导致某个工作者负荷过重而造成瓶颈，致使物料发行错误等，可能使生产线中断等。

现代企业生产的一个基本模式就是企业根据市场预测和现有的生产能力加以平衡后制订生产计划。然而，由于现实生产系统的复杂性和预测生产环境的改变，生产计划并不能精确地反映企业的实际生产条件，进而不可避免地造成计划与实际执行的偏差。同时，企业的产品设计无法做到绝对的稳定，生产设备也存在故障，这样，质量标准严格的产品难以按时完成。在生产方面，最终产品的易腐烂性、设备的磨损和故障等因素会导致产量和生产时间的波动，产生加工过程的内在不确定性。

3. 消费者的不确定性

消费者的不确定性主要体现为：消费者需求的预测存在偏差，消费者购买力经常波动以及消费者心理的不断变化等。消费者的不确定性主要是由消费者未来收入的不确定性和未来的金融资产、收益的不确定性引起的。

2.4.3.3 从产生不确定性的因素角度进行分析

从产生不确定性因素的角度来看易逝品供应链中存在的不确定性可以概括为：信息的不确定性、时间的不确定性、制造的不

---

① 甘小冰：《供应链中不确定性问题研究》，《现代电子技术》，2004年第5期，第57页。

确定性、产品质量的不确定性和消费者需求不确定性。

1. 信息的不确定性

信息的不确定性来源于企业之间的竞争，企业总是为了各自的利益而进行资源的自我封闭。供应链上企业间信息的透明度不够，部分还处于独立的状态。信息的沟通与共享程度欠佳，还存在信息壁垒和沟通的障碍。

对于某一特定的事件，一切有助于行为者选择行为方式的知识和经验都是有用的信息，通过信息的获取可以减少行为的不确定性。如果人们能够获得全部的有用信息，就可以完全消除不确定，从而保证决策效果的最优。但行为者的抉择往往需要大量的信息支持，而且信息需求具有高度的选择性。因此，尽管在总量上人类正面临全面的"信息爆炸"，但在具体到特定事件时，信息的供给是严重不足的。总的说来，行为者所面临的信息不确定主要来源于三个方面，即成本约束、时滞约束和有限理性。

"牛鞭效应"就是信息不确定性的主要体现，美国供应链管理专家李效良教授称这种效应为"需求偏差加速放大原理"，指供应链上每一级节点的企业只根据相邻节点企业的需求信息确定自己的采购计划和库存并进行生产，需求信息的偏差就会沿信息流方向逐级放大。

2. 时间的不确定性

时间的不确定性包括生产过程的不确定性和运输过程的不确定性。

（1）就生产过程而言，造成时间不确定性的原因主要有两个方面：

一是供应商不能按时提供原材料或零配件，使得生产商被迫停工待料，影响了生产进度。

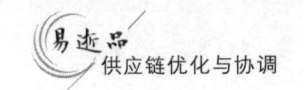

二是生产商本身生产系统的可靠性不强，机器时常出现故障，设备可用性概率不高；或是生产计划不合理，安排不得当，控制力和执行力差，不能按时供货。

在产品生产过程中，在保证原材料供应的前提下，关键的影响因素是生产设备的停机时间。设备可用性概率越高，平均停机时间越少，生产过程的不确定性越小。

（2）就运输过程而言，造成时间的不确定性的原因也有两个方面：

一是各节点之间彼此因沟通不够，而造成的业务衔接不够准确、运输效率低下。

二是运输过程中出现的一些偶发事故，如暴雨、山洪、台风等自然灾害造成的交通中断和交通事故，大型集会或道路维修等造成的路段关闭、交通阻塞或改线等，客观上影响了运输速度而造成运输的迟误。这类不确定性往往是难以预测的。

3. 制造的不确定性

组织本身无法保证在制造过程中能安全无误地制造出符合需求的产品是供应链中不确定性因素形成的来源之一，其形成原因可能是组织在制造过程中因机器故障造成生产停顿、电脑出错造成制造程序混乱或是工作流程设计不佳导致某个工作者负荷过重而造成瓶颈。

针对源自组织本身的制造不确定性，L. LEE（1993）认为在制造过程中若遇到机器故障、紧急批量、质量问题、高估或低估制造时间、订单取消、交期更改以及进度超前或延后等导致生产排程系统须重新排程时，其制造过程的运作会受到干扰；A. Calinescu（1998）认为由产品结构、工厂或设备结构、规划与排程功能、信息流以及环境的变化等因素所构成的制造复杂度会导致制造过程的不确定性；A. Hurana（1999）认为产品的互动复杂度与产品的不可分解复杂度会影响组织生产制造的运行；V. Vickery（1999）在以实证方式探讨供应链弹性的研究中，指出生产技术的变动往往会为组织带来不确定性的风险，此时组织须透过生产弹性的策略来加以解决。

制造的不确定性问题主要与制造技术有关，主要包括科学技术理论层面的不确定性，科学技术研发的不确定性，新技术引入的不确定性，源于科学家、工程师以及科技成果使用者主观意志的不确定性，技术生产实现的不确定性等。

（1）科学技术理论层面的不确定性。

从历史角度分析，由科学史的演化可知，科学一直处于发展变化之中，没有终点，任何时代的科学理论本身都具有不确定性，与客观真理不具有完全的一致性。

从逻辑角度看，科学哲学相关研究可以给出更为深层次的启示。比如，以英国科学社会学家 David Bloor（1942）为首的流派引出的科学知识的"相对主义"问题，揭示出人类的各种认识过程及其结果都具有相对性。英国科学实践哲学家南希·卡特赖特（2006）提出，即使在科学界"硬度"最高的物理学定律也并不是对自然界本身的描述，也是会"撒谎"的。这些研究虽然还存在不少争议，但的确从理论维度向我们展示了科学本身的不确定性，科学不等于真理。

（2）科学技术研究的不确定性。

科学理论本身的不确定性引出了"科学技术研究的不确定性"问题，科技功能的不确定性又植根于科学技术研究的不确定性。正如拉图尔所说"研究则充满着不确定性"。科学技术研发的不确定性包括五个方面：一是技术成功的不确定性，二是技术完善的不确定性，三是研发所需时间的不确定性，四是商业目的的不明确性，五是研究成果容易为外界共享的危险性。

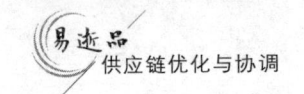

(3) 新技术引入的不确定性。

把新技术转化到有形的新产品中去存在着不确定性。一是由于潜在的消费者无法准确地说出他们的需求量;二是由于无法准确预测应用新技术后将以什么样的成本来获得新产品的相应品质;三是由于技术成熟度的不确定性,包括新产品试样和随后批量生产链节的技术不确定性,也构成新产品的市场风险技术的不确定性。

新技术引入的不确定性主要包括三个方面[①]:

①新技术本身不成熟。有些关于新产品开发的设想虽然在技术上很有吸引力,而且最初看来在技术上也是可行的,然而,一旦实施下来,就会发现许多技术问题都无法解决。

②新技术被模仿或被取代的不确定性。现在高新技术发展日新月异,如果新技术研制时间过长或领先程度不够就有可能被无情地淘汰或被竞争者模仿。

③新技术前景的不确定性。新技术所带来的新的产品功能是否真正是消费者想要的,或者是企业缺乏持续开发的能力,新技术无法得到进一步的完善。

(4) 源于科学家、工程师以及科技成果使用者主观意志的不确定性。

我们必须承认个体思维的差异性,甚至一个人在不同时期、不同情境下的想法和做法也具有不确定性。科学技术从研发到使用都必须由具有主观意志的人来执行,具有不确定性的人类主观意志必将带来科学技术可能的不确定性。在科学技术发展史上,怀揣各种目的的研究人员都可以见到。

(5) 技术生产实现的不确定性。

即使是一项成熟的技术,要转化为实际的生产活动,也还有

---

① 刘政方:《新产品开发不确定性分析及管理科技与管理》,《科技与管理》,2008年第4期,第49~50页。

大量的组织工作要做。

①要检验技术的生产实现性。引入的技术是否具有稳定性,与环境密切程度有多大,对环境有何种要求,对生产设备有何要求,都不能完全确定。

②要确定合理的原料、动力等消耗参数。如供应的及时性、质量的稳定性,都可能给生产带来不确定性因素。

③要组织连续的规模化生产。连续的规模化生产需要设备、人员、原料动力、维护、管理等各方面的协调配合,其组织方式和工作参数需要相当长时间的探索才能确定下来,在此之前,也会带来不确定性。

4. 产品质量的不确定性

产品质量的不确定性的影响因素有[①]:

(1) 最高管理者责任具有双重性。

作为产品质量的终极管理者自身具有双重性的管理责任:企业的经济效益以及产品质量两者之间所形成的关系不一定是成正比的;社会责任和担当不仅仅是依据产品质量和企业的经济效益作为根本的。

(2) 人之因素。

人的工作经验、受教育程度还有技能水平等多个因素影响着企业产品质量。唯有在制定的控制准则里面所出的纰漏才是企业工作员工自身可以掌控的,通常中层管理者可控制率可达 80%,普通员工控制率仅有 20%。

(3) 机与料之要素。

机指的是设备以及工装还有机械。从广义上讲的话,机泛指

---

① 高柯、张玲玲、王奇锋:《航空动力系统制造管理中质量形成的不确定性探究》,《科技创新与应用》,2016 年第 16 期,第 115 页。

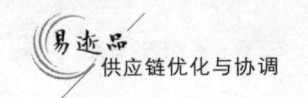

企业的基础设施,是组织确定甚至提供维护、让所要生产的产品完全符合要求而欠缺的部分基础设施。

料指的是金属或非金属材料、外购买成品。一般来说,材料影响产品质量因素包括以下几点:人员素质、加工设备、原材料、环境条件等。

(3) 环境因素。

环境因素是指组织管理者明确地为了符合产品需求而产生的一种工作环境的需求,它主要包括物理环境以及人文环境。物理环境是指研究对象周围的设施、建筑物等物质系统,人文环境包括政策环境、法治环境、社会环境等。企业产品在慢慢形成的过程里对于环境会有一个特殊要求,所以唯有通过对环境进行有效控制才能在某种程度上确保企业产品质量。

5. 消费者需求的不确定性

消费者需求的不确定性即消费者在购买产品前对产品质量与匹配度的不确定性,且该不确定性将会影响消费者在购买产品后做出是否购买、购买后是否退货的决策。在社会化分工日益细化和专业化趋势下,消费者需求的不确定性也越来越大。

消费者需求的不确定性的产生受到多种因素的影响。Champ 和 Bishop(2001)认为消费者对产品评测缺乏兴趣同样会导致需求不确定性的产生。J. Harris(2006)认为消费者对商品知识的了解和认知具有不确定性,消费者对商品知识如产品设计、性能认知的学习缺乏足够动力会产生需求不确定性,且商品知识本身因更新换代也会产生需求不确定性。Akter(2008)认为消费者缺乏必要的先验经验或对待估物品的信息认识不充分是产生需求不确定性的重要影响因素,因此,面对新产品或新产品属性,消费者的需求不确定性就会增大,陈述性偏好与显示性偏好的差异也会增大。

2.4.3.4 从环境的角度进行分析

P. M. Swamidass（1987）等提出运营管理研究缺少对不确定性与制造战略之间关系的关注，认为制造柔性提供了应对环境不确定性的能力。Yu 和 Cadeaux（2012）提出类似的观点，认为柔性包含了如何使制造战略、价值链战略或供应链战略适应环境不确定性。然而 Ham Brick（1983）对环境不确定性与柔性关系的实证研究认为，环境不确定性仅是作为柔性的来源，并没有考虑外部环境对企业不同能力的差别化影响，或者说由于环境不确定的程度不同，企业柔性能力的表现具有差异。

从环境的角度来看易逝品供应链中存在的不确定性可以概括为三种类型：自然环境的不确定性、供应链外部环境的不确定性和供应链内部环境的不确定性。

1. 自然环境的不确定性

自然环境的不确定性主要是指气候条件和自然灾害以及交通堵塞等偶然突发事件给供应链带来的极大不确定性。例如 2000 年 3 月 17 号"火灾改写手机三强版图"事件，就是因为一个闪电击中了荷兰皇家飞利浦公司在美国阿尔伯克基的半导体工厂引起的[①]。

2. 供应链外部环境的不确定性

供应链外部环境的不确定性主要是指供应链所处外界环境的不断变化，包括供应链各节点企业所处的行业变化、政府的相关支持或限制政策，如美国"9·11"恐怖袭击事件的发生导致了

---

① 胡翠红、杜文：《供应链中不确定性因素分析》，《商场现代化》，2007 年第 37 期，第 70 页。

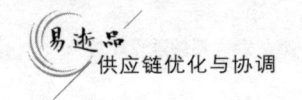

多条供应链的中断。

3. 供应链内部环境的不确定性

供应链内部环境的不确定性主要是指供应链内部环境的不断变化,主要包括供应链各节点企业组织的任务环境的变化,即竞争对手、合作伙伴经营环境的不断变化。

供应链内部环境不确定性从两个维度来确定:供应链所面临环境的复杂性、供应链所面临环境的动态性。

(1) 供应链所面临环境的复杂性。

复杂性程度可用组织环境中的要素数量和种类来表示。在一个复杂性环境中,有多个外部因素对组织产生影响,通常外部因素越少,环境复杂性越低,不确定性越小。

(2) 供应链所面临环境的动态性。

动态性即组织环境中的变动是稳定的还是不稳定的,它不仅取决于环境中各构成因素是否发生变化,而且还与这种变化的可预见性有关。环境条件越多变、越复杂,动态指数越大。供应链的动态性是指市场需求和企业战略的变化导致供应链随之变化。

2.4.3.5 从不确定性能否抑制角度进行分析

根据管理决策行为能否抑制不确定性因素对产品的消极影响,将不确定性因素划分为可控不确定性因素和不可控不确定性因素[①]。

1. 可控不确定性因素

可控不确定性因素主要包括物流环节投入成本、人员配置、

---

① 李腾、张盼盼:《服务供应链视角下生鲜农产品品质不确定性因素研究》,《保鲜与加工》,2018年第3期,第121~122页。

物流操作环境卫生、物流操作设备、运输工具、仓库和运输车辆的温度、物流服务提供商的选择标准与方法、物流服务质量评价方案的实施程度、设备及流程操作规范性、设施设备运行状态以及维护及时性、信息分析及共享程度等。

2. 不可控不确定性因素

不可控不确定性因素主要包括自然灾害以及交通堵塞等偶然突发事件、国际政策等。

2.5 本章小结

本章从易逝品的概念、易逝品的特点、易逝品的分类、变质率几方面介绍了易逝品的基本理论；从易逝品供应链的特点以及易逝品供应链的特殊性两方面介绍了易逝品供应链的基本理论；从易逝品供应链协调定义、供应链失调的原因、供应链系统失调的表征、供应链失调后果等角度讨论了供应链协调的基本理论；从不确定的概念和特征入手，从供应链结构、环境等不同角度对易逝品供应链不确定性种类以及引起不确定性的各种原因进行了归纳和分析。

第 3 章　基于两阶段延期付款的
易逝品供应链协调研究

　　由于供应链节点上的成员企业往往处于分散状态，各自追求自身利益最大化时，供应链整体的利益受到损害，因而供应链协调管理已经成为成功的供应链管理的关键。在现实中成员企业会积极地提供一些激励措施来协调供应链各成员关系，比如，生产商向零售商提供一种延期付款的短期融资的激励手段。延期付款相当于生产商融资给零售商，即使用商业信用。

　　延期付款已经成为供应链管理中很普遍的现象，由于延期付款对企业决策有很大的指导意义，因此受到广泛关注，但研究较多的是供应商提供给零售商延期支付，可以增加销量，扩大市场占有率。其实，零售商可以把延期支付作为一种融资渠道，不仅可以用于减少库存占用资金所带来的成本，还可以在延期支付期限内获得利息。

　　由于延期支付对于生产商和零售商甚至供应链都是有好处的，所以延期支付已经成为商业活动中很普遍的现象。Rajan 和 Zinuales（1995）等研究发现，1991 年全美商业信用占企业总资产的 17.8%。中国气体工业投资控股有限公司 2007 年在其白皮书中指出，全球贸易中大约 85% 是以延期付款的方式来进行的。

3.1 国内外研究现状

对延期付款的研究受到国内外学者的普遍重视。例如，S. K. Goyal（1985）首先将延期付款机制引入经典 EOQ 模型中。Aggarwal 和 Jaggi（1995）在 S. K. Goyal（1985）的基础上，研究了更为简单的求解方法。P. Chu（1998）考虑了退化性商品在固定需求和延迟支付下的批量问题。H. J. Chang（2001）进一步研究了在延期支付情况下，变质产品在允许缺货条件下的订货策略。

3.1.1 考虑现金折扣的延期支付决策

Y. Ouyangl（2002）在对 S. K. Goyal（1985）的模型进行扩展的同时，也引入了现金折扣率；而黄建（2003）在 Y. Ouyangl（2002）的基础上进一步建立模型并得到了零售商的最优采购策略。

在考虑需求变化的延期支付问题上，Shib Sankar Sana（2008）探讨当生产商提供延期支付、价格折扣策略时零售商的 EOQ 模型，分别在需求率与库存、时间、价格，价格与库存相关几种情况下对库存策略进行了详细的讨论。叶国雨（2015）研究了需求随机时，在单个供应商和单个零售商组成的供应链中，当供应商对零售商提前支付给予价格折扣优惠时，零售商的最优采购策略和供应商的最优折扣策略。

冯帅、刘冀琼和魏遥（2014）基于零售商允许缺货，以零售商采购平均总费用最小为优化目标，建立了同时考虑延期支付和现金折扣情况的协调机制 EOQ 模型。刘冀琼、杨爱峰、冯帅等（2017）建立了延期支付和现金折扣情形下变质产品的两货栈库存模型，并对模型的最优解进行理论分析。

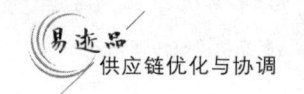

3.1.2 部分延期支付契约下的决策研究

部分延期付款则是指零售商订货时先支付一部分货款，剩余货款延期支付。Moutaz Khouja（1996）从供应商的利益出发，首次提出了基于零售商订货批量大小的延期支付规则，当零售商的订货量达到或超过零售商规定的临界数量时，才可以获得延期支付的政策；若未达到临界数量时，零售商则需要在订购货物时立即付款，并探讨了在此种情形下的零售商的采购模型。Huang（2003）针对在固定需求率条件下若零售商订货批量足够大时就可以获得供应商提供的完全延期支付，以及当订货批量达不到供应商要求时也可以享受部分延期支付的权利的情况进行了较为全面的研究。Khouja（2007）研究了四种付款方式下的零售商订货策略，其中一种为当订货批量达到一定阈值时，零售商可以先支付一部分货款，其余货款则延期支付。

张义刚和唐小我（2012）认为在考虑自身资金约束的情况下，零售商可以采用先支付一部分货款给生产商，其余的考虑部分延期支付的方法；而作为允许延期付款的前提条件，供应商要收取一定的费用作为融资的利息，同时可以将零售商的订货批量约束在一定的可控数量内。张羽（2012）通过对利息收入、利息支出等重要指标的测算，分别求出了零售商在部分延期支付策略下，需求率分别随着库存水平以及时间变化时零售商的最优订货周期，从而得出最大平均利润。仇志中（2013）针对不同支付方式，建立相应的基于部分延期支付的 EOQ 模型。

更近的研究如温宗良等（2015）在供应商允许零售商部分延期支付的条件下，讨论了作为风险中性的零售商，周期性地订购一种产品来满足不确定性需求时的随机动态库存决策问题，建立了优化补货和融资策略的库存模型，目的是最大化零售商计划期末的期望资金水平。孙承志和田甜（2017）基于 EPQ

(Economic Production Quantity，经济生产批量）模型，建立了缺货和消费者部分延期支付并存时零售商的补货模型；以零售商年总成本最低化为目标，通过计算得到不同情况下零售商的最优补货周期和上个周期末所缺产品的最优补货时间。

3.1.3 延期支付以及易逝品的库存模型研究

现有关于延期支付以及易逝品的库存模型研究已有丰硕成果，相关文献大都以 EOQ/EPQ 模型为基础。

Goyal（1985）首次提出了零售商给予消费者延期支付策略的 EOQ 库存模型。而 Chang（2009）则研究了供应商给零售商一个延期支付契约的变质性产品的库存模型，并利用优化方法确定了模型的最优支付期限和订货周期，还进一步讨论了主要参数对最优策略的影响。考虑到零售商自身货栈的容量对订货策略的影响，Liang 和 Zhou（2011）在考虑延期支付契约的基础上构建了一个变质性产品的两货栈库存模型，利用优化方法给出了最优补货策略。Soni（2013）研究了允许延迟付款条件下需求与价格和库存相关的非瞬时变质性产品库存模型。Lou 和 Wang（2013）分析了一个信用期影响市场需求和违约风险的最优订货量的库存问题。冉翠玲、何伟和徐福缘（2015）采用二层延期支付策略（供应商向零售商提供延期支付期，同时零售商也向消费者提供延期支付期）建立了相应的库存模型。金青霞（2017）假设在一个由单个零售商和单个供应商构成的两级供应链中，以完全延期支付和部分延期支付为设计重点，分别建立库存模型来确定零售商的最优库存决策。

3.1.4 易逝品延期支付

D. Dasa（2010）提出了两种延期支付期限，建立出不同的零售商支付模型。H. N. Soni（2013）研究了简化易腐产品在库

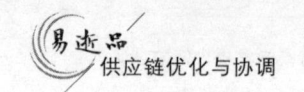

存和两种信用支付下的供应链管理。杨惠玲（2013）等提出了在通货膨胀和短缺部分供给的情形下变质产品的两货栈模型。

苑波和汪传旭（2010）研究了部分延期付款下易腐产品供应量订货与价格决策模型。贾涛、徐渝、陈方婕等（2012）进一步研究了延迟支付下易损产品供应链订货与价格决策模型。闫杰（2009）基于 RW—OW（Rented Warehouse，租用货栈；Owned Warehouse，自有货栈）的连续运输模式，发展了一个允许延期支付情形下变质产品的两货栈库存模型。

罗兵、张瑞娟、常旭华（2012）考虑变质产品在衰退阶段市场需求随时间线性递减，建立了一种延期支付下的经济订购批量模型。王道平、陈丽、杨岑（2014）在固定订货周期内，针对需求依赖于瞬时库存水平且允许缺货的情况，采取部分延迟订货策略，建立了以单位时间平均总成本最小为目标的易逝品库存优化模型，给出了模型存在唯一最优解的条件，并应用牛顿迭代法对该模型进行了求解。杜文意、艾兴政、刘晓婧等（2014）考虑零售商、消费者都存在部分延期支付情况，提出了易损商品三阶段经济批量订货策略，证明了最优订货策略的存在性及唯一性，并分析了参数的影响特征。张吉地、冯琳、路立浩等（2015）针对零售商的自身收入利息率及供应商所能允许的延期支付期限直接影响其对易逝品的库存管理策略问题，研究了在供应商允许延期支付的情况下零售商对易逝品的订货策略，并根据零售商库存系统的动态特性、收入利息率及延期支付期限的特点，建立了相应的经济订货批量模型，分析利润函数性质，得到了最优订货策略。张鑫（2017）基于延期支付理论，考虑了易腐产品的特性，认为销售价格和购买价格存在差异，构建了基于延期支付的易腐产品的库存模型。

以上研究扩展了延期支付领域的内容，符合某些现实情况，但也存在以下几点不足：①假定年需求率为常数；②不考虑缺货及库存商品的变质率,即使考虑变质率,也假定变质率为常数;③忽略了零售商采购价格与销售价格的差异。

目前,消费者的个性化要求也越来越高,市场竞争越来越激烈,需求的不确定性也越来越高;商品的生命周期越来越短,缺货现象已经达到了不可忽视的状况,退化性商品作为现实中常见的商品,也是学界关注的焦点。中小企业在发展的初期没有过多的周转资金,更愿意采用延期支付的方式付给供应商货款,但是延期越长所付的资金成本越高,在这种条件下如何决策最优的支付时间对零售商越重要。本书针对生产商给予零售商延期支付、零售商给予消费者延期支付的两阶段延期支付,建立了易腐商品的价格折扣和延期支付条件下的总成本模型,给出了满足最优付款时间的条件。

3.2 问题描述与假设

3.2.1 问题描述

考虑延期支付对消费者需求有影响时的两级延期支付情形,即生产商给予零售商可变期限的延期支付,零售商同样给予最终消费者可变期限的延期支付,若改变延期支付的期限能影响消费者需求改变,即零售商对消费者提供延期支付一方面会影响库存成本,另一方面还会影响到销售收入,那么如何确定零售商最优付款期限,使其总利润最大,是本书研究的目的。本书涉及的符号及说明见表 3-1。

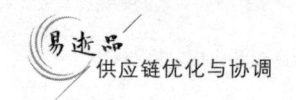

表 3-1 符号说明

符号	说明	符号	说明
Q	每个订货周期的订货批量	T	零售商的订货周期
$W(t)$	采购价格	P	零售商的付款时间
c	单位成本	$I(t)$	零售商产品的库存水平,是时间 t 的函数
c_2	单位时间、单位产品的库存成本	I_e	单位时间每单位货币挣得的利息
c_3	单位时间、单位产品的零售商缺货惩罚成本	I_p	单位时间每单位货币付出的利息,$I_p > I_e$
c_3'	单位时间、单位产品的供应商缺货惩罚成本	I_T	每个周期挣得的总利息
S	单位产品的售价,且 $S > W(t)$	P_T	每个周期应付利息
C_A	每个订货周期的订货成本	U_1	P 时刻零售商销售收入
C_H	每个周期运输等总持有成本	M	生产商允许零售商延期支付的可变期限
C_L	零售商缺货惩罚成本	N	零售商允许消费者延期支付的可变期限
C_L'	生产商缺货惩罚成本	δ_i	生产商给零售商在第 i 期限延期支付时的现金折扣
$\theta(t)$	时刻 t 库存商品的变质率	$D(S, t)$	t 时刻零售商的基本市场需求率
D_T	在周期 T 内物料恶化数量	$D(N)$	t 时刻消费者的基本市场需求率
C_D	每个周期总恶化成本		

3.2.2 前提假设

建立模型之前,给出一些合理的假设:

(1) 只考虑单一商品无限时段的库存系统,只考虑生产商、零售商、消费者三阶段 1:1:1 的串联结构。

(2) 系统的计划销售期是确定的。

(3) 采购价格随时间指数递减,且:

$$W(t) = ce^{-t\eta}(\eta > 0) \tag{3-1}$$

(4) 商品零售价格是固定不变的。

(5) 零售商的基本市场需求率是采购价格的线性函数,随着时间变化增长 ($\lambda > 0$) 或减少 ($\lambda < 0$)。

$$D(S,t) = [a - bW(t)]e^{\lambda t}(\beta > 0) \tag{3-2}$$

(6) 消费者的基本市场需求率是延期支付期限 N 的函数:

$$D(N) = a - br^N \tag{3-3}$$

其中 a、b 为已知常数,可以从零售商的历史销售数据中统计得出。a 表示需求的最大值;b 表示需求的变化范围,即需求最大值与需求最小值之差。r 为延期支付对需求率的影响系数,且 $r \in (0,1)$,即当延期支付期限 N 增大时,需求率 $D(N)$ 也增大。当 $N \to 0$ 时,$D(N) \to a - b$,表明如果零售商不给予消费者延期支付期限,需求率趋于最小值;当 $N \to \infty$ 时,$D(N) \to a$,表明零售商给予消费者延期支付期限,需求率会趋于最大值。

(7) 只考虑一种产品,该产品会随时间发生变质,变质率为随时间变化的函数。$\theta(t)$ 为时刻 t 完好物品的变质趋势,即变质率,它满足下列关系式:

$$\theta(t) = \frac{f(t)}{1 - F(t)} = \alpha\beta(t-\gamma)^{\beta-1} \tag{3-4}$$

其中,$F(t) = 1 - e^{-\alpha(t-\gamma)^\beta}$,$f(t) = \alpha\beta(t-\gamma)^{\beta-1}e^{-\alpha(t-\gamma)^\beta}$。$\beta$、$\alpha$ 和 γ 分别为变质率函数的形状因子、变质尺度因子和位置

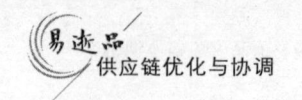

因子。

(8) 生产商根据零售商的 3 个延期支付期限 M_1、M_2、M_3，给予 3 种不同比例的现金折扣率 δ_1、δ_2、δ_3，且 $M_1 < M_2 < M_3$，$\delta_1 > \delta_2 > \delta_3$；当 $t > M_3$ 时，不再给予现金折扣，即 $\delta = 0$。

$$W(t) = ce^{-t\eta} (\eta > 0)$$

根据延期期限不同给予一定比例的折扣后的采购单价：

$$W_i(t) = W(t)(1-\delta_i) = ce^{-t\eta}(1-\delta_i) \qquad (3-5)$$

(9) 零售商根据消费者的 3 个延期支付期限 N_1、N_2、N_3（$N<T$），给予 3 种不同比例的现金折扣率 δ_1'、δ_2'、δ_3'，且 $N_1 < N_2 < N_3$，$\delta_1' > \delta_2' > \delta_3'$；当 $t > N_3$ 时，不再给予现金折扣，即 $\delta' = 0$。

(10) 生产商给零售商提供延期支付期限 M，在期限内零售商以利率 I_e 获得利息收入，到达期限后，零售商支付所有的货款；对未售出的存货需要以利率 I_p 支付一定利息，且 $I_p > I_e$。

3.3 模型建立与求解

3.3.1 总成本目标函数

零售商的可变成本是订货成本（采购成本）、存储成本、零售商缺货惩罚成本、周期内材料恶化成本以及支付的利息的组合，即：

$$\sum C = C_A + C_H + C_L + C_D + P_T$$

(1) C_A：采购周期 T 内，产品的订货成本（采购成本）。

$$C_A = \int_0^T W_i(t)D(S,t)\mathrm{d}t = TW_i(t)D(S,t) \qquad (3-6)$$

(2) C_H：采购周期 T 内，产品的运输等总持有成本（存储成本)。

$$C_H = c\int_0^T I(t)\mathrm{d}t = c\int_0^T \frac{D(S,t)}{\theta(t)}[\mathrm{e}^{\theta(T)(T-t)}-1]\mathrm{d}t$$

简化后为：

$$C_H = -\frac{cD(S,t)}{\theta(t)^2}[\mathrm{e}^{\theta(t)T}-\theta(t)T-1] \qquad (3-7)$$

(3) C_L：零售商缺货惩罚成本。

周期 T 内,零售商对消费者缺货惩罚成本函数为 $C_3 \geqslant S$。

$$\begin{aligned}C_L &= C_3\int_t^T(T-t)D(N)\mathrm{d}t = C_3 D(N)\frac{T^2-t^2}{2}\\ &= C_3(a-br^N)\frac{T^2-t^2}{2}\end{aligned} \qquad (3-8)$$

(4) C_D：每个周期 T 内,总恶化成本。

因为

$$\frac{\mathrm{d}I(t)}{\mathrm{d}t}+\theta(t)I(t) = D(S,t)(0\leqslant t\leqslant T) \qquad (3-9)$$

则有

$$I(t) = I_0 \mathrm{e}^{-\theta(t)T} + \frac{D(S,t)}{\theta(t)}[\mathrm{e}^{-\theta(t)T}-1](0\leqslant t\leqslant T)$$

$$\qquad (3-10)$$

又因为 $T=0$，$I(t)=I_0$，显然当 $t=T$ 时，$I(T)=0$；因此由式（3-10）可得出：

$$I(t) = I_0 = D(S,t)[\mathrm{e}^{\theta(t)T}-1]/\theta(t) \qquad (3-11)$$

周期 T 内零售商的市场需求为 $D(S,t)T$，周期内物料变质率为 $\theta(t)$；在周期 T 物料恶化数量 D_T，每个周期总恶化成本 C_D。

$$D_T = I_0 - D(S,t)T = \frac{D(S,t)}{\theta(t)}[\mathrm{e}^{\theta(t)T}-1] + D(w,t)T$$

$$\qquad (3-12)$$

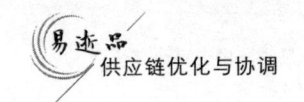

$$C_D = cD_T = \frac{cD(S,t)}{\theta(t)}[e^{\theta(t)T} - 1] + cD(S,t)T \quad (3-13)$$

(5) P_T：每个周期应付利息。

每个周期应付利息为在时间 t 内未付的存货净成本，即在任何时间 t 目前的库存成本，减去时刻 P 销售利润（见图 3-1）的总额，减去时刻 P 销售收入所得利息。

① 当 $N \leqslant M \leqslant T+N$ 时。

$$\begin{aligned} P_T &= I_p \left\{ \int_P^T cI(t) - [S - W_i(t)]D(N)P - SI_e \int_0^P D(N)t\,dt \right\} dt \\ &= I_p \int_P^T \left\{ \frac{cD(S,t)}{\theta(t)}[e^{\theta(t)(T-t)} - 1] - [S - W_i(t)]D(N)P - \frac{SI_e D(N)P^2}{2} \right\} dt \\ &= \frac{cI_P D(S,t)}{\theta(t)^2}[1 - e^{\theta(t)(T-P)} - (T-P)] - I_P[S - W_i(t)] \\ &\quad D(N)(T-P)P - \frac{SI_P I_e D(N)P^2 (T-P)^2}{2} \quad (3-14) \end{aligned}$$

② 当 $N \leqslant T+N \leqslant M$ 时。

$$P_T = 0$$

图 3-1 当 $N \leqslant M \leqslant T+N$ 时，零售商的销售收入

3.3.1.1　当 $N \leqslant M \leqslant T+N$ 时的总成本目标函数 $\sum C$

$$\begin{aligned}\sum C &= C_A + C_H + C_L + C_D + P_T \\ &= TW_i(t)D(S,t) - \frac{cD(S,t)}{\theta(t)^2}[e^{\theta(t)T} - \theta(t)T - 1] + \\ & \quad C_3 D(N)\frac{T^2 - t^2}{2} + \frac{cD(S,t)}{\theta(t)}[e^{\theta(t)T} - 1] + cD(S,t)T + \\ & \quad \frac{cI_P D(S,t)}{\theta(t)^2}[1 - e^{\theta(t)(T-P)} - (T-P)] - \\ & \quad I_P[S - W_i(t)]D(N)(T-P)P - \frac{SI_P I_e D(N)P^2(T-P)^2}{2} \end{aligned}$$

(3—15)

单位时间的可变成本，被简单地定义为：$\dfrac{\sum C}{T}$。

$$\begin{aligned}\frac{\sum C}{T} &= W_i(t)D(S,t) - \frac{cD(S,t)}{T\theta(t)^2}[e^{\theta(t)T} - \theta(t)T - 1] + \\ & \quad C_3 D(N)\frac{T^2 - t^2}{2T} + \frac{cD(S,t)}{T\theta(t)}[e^{\theta(t)T} - 1] + cD(S,t) + \\ & \quad \frac{cI_P D(S,t)}{T\theta(t)^2}[1 - e^{\theta(t)(T-P)} - (T-P)] - \\ & \quad \frac{I_P[S - W_i(t)]D(N)(T-P)P}{T} - I_P SI_e D(N)\frac{P^2(T-P)^2}{2T}\end{aligned}$$

(3—16)

3.3.1.2　当 $N \leqslant T+N \leqslant M$ 时的总成本目标函数 $\sum C$

$$\begin{aligned}\sum C &= C_A + C_H + C_L + C_D + P_T \\ &= TW_i(t)D(S,t) - \frac{cD(S,t)}{\theta(t)^2}[e^{\theta(t)T} - \theta(t)T - 1] + \end{aligned}$$

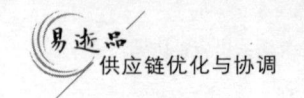

$$C_3 D(N) \frac{T^2 - t^2}{2} + \frac{cD(S,t)}{\theta(t)}[e^{\theta(t)T} - 1] + cD(S,t)T$$

(3-17)

$$\frac{\sum C}{T} = W_i(t)D(S,t) - \frac{cD(S,t)}{T\theta(t)^2}[e^{\theta(t)T} - \theta(t)T - 1] +$$

$$C_3 D(N) \frac{T^2 - t^2}{2T} + \frac{cD(S,t)}{T\theta(t)}[e^{\theta(t)T} - 1] + cD(S,t)$$

(3-18)

3.3.2 利润函数

零售商的利润是 P 时刻销售收入、每个周期挣得的总利息、周期 T 内供应商对零售商缺货惩罚成本的组合,即:

$$\sum U = U_1 + C'_L + I_T$$

(1) U_1: P 时刻销售收入。

$$U_1 = S \int_0^P D(N) \mathrm{d}t = \frac{SD(N)P^2}{2} \quad (3-19)$$

(2) I_T: 每个周期挣得的总利息。

I_T 每个周期挣得的总利息,即 P 时刻销售收入(见图 3-2)所得利息。

① 当 $N \leqslant M \leqslant T + N$ 时。

$$I_T = SI_e \int_0^P D(N) \mathrm{d}t = \frac{SI_e D(N)P^2}{2} \quad (3-20)$$

② 当 $N \leqslant T + N \leqslant M$ 时。

$$I_T = SI_e \int_0^T D(N) \mathrm{d}t + SI_e D(N)T(P - T)$$

$$= \frac{SI_e D(N)T^2}{2} + SI_e D(N)T(P - T)$$

$$= SI_e D(N)(TP - \frac{T^2}{2}) \quad (3-21)$$

Sales revenue（销售收入）

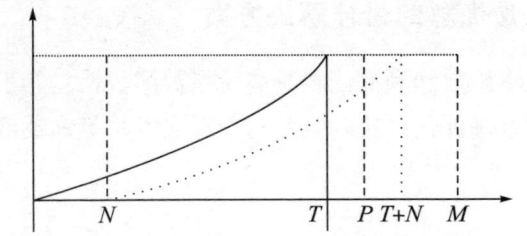

图 3-2　当 $N \leqslant T+N \leqslant M$ 时，零售商的销售收入

(3) C'_L：周期 T 内，生产商对零售商缺货惩罚成本。

$$C'_L = C'_3 \int_t^T (T-t) D(N) \mathrm{d}t = C'_3 D(N) \frac{T^2 - t^2}{2} \tag{3-22}$$

3.3.2.1　当 $N \leqslant M \leqslant T+N$ 时的利润函数

$$\sum U = U_1 + C'_L + I_T$$

$$= \frac{S(1+I_e)D(N)P^2}{2} + C'_3 D(N) \frac{T^2 - t^2}{2} \tag{3-23}$$

$$\frac{\sum U}{T} = \frac{S(1+I_e)D(N)P^2}{2T} + C'_3 D(N) \frac{T^2 - t^2}{2T}$$

3.3.2.2　当 $N \leqslant T+N \leqslant M$ 时的利润函数

$$\sum U = U_1 + C'_L + I_T$$

$$= \frac{SD(S,t)P^2}{2} + C'_3 D(S,t) \frac{T^2 - t^2}{2} + SI_e D(S,t)(TP - \frac{T^2}{2}) \tag{3-24}$$

$$\frac{\sum U}{T} = \frac{SD(N)P^2}{2T} + C'_3 D(N) \frac{T^2 - t^2}{2T} + \frac{SI_e D(N)}{T}(TP - \frac{T^2}{2})$$

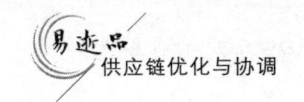

3.3.3 最优解的最佳解决方案

总成本函数和利润函数是高阶指数函数,它并不易于对函数进行直接准确评估。边际收益与边际成本相等,被称为最大利益原则,即:

$$TC(P,T) = \frac{\sum C}{T} - \frac{\sum U}{T} \tag{3-25}$$

当 $\frac{\partial TC(P,T)}{\partial P} = 0$ 时,得最佳付款时间 P_1^*。

3.3.3.1 当 $N \leq M \leq T+N$ 时最优解的最佳解决方案

$$\frac{\partial TC(P,T)}{\partial P} = \frac{W_i(t)D(S,t)}{P} - \frac{cD(S,t)}{PT\theta(t)^2}[e^{\theta(t)T} - \theta(t)T - 1] +$$

$$C_3 D(N) \frac{T^2 - t^2}{2TP} + \frac{cD(S,t)}{PT\theta(t)}[e^{\theta(t)T} - 1] + \frac{cD(S,t)}{P} +$$

$$\frac{cI_P D(S,t)}{PT\theta(t)^2}[1 - e^{\theta(t)(T-P)} - (T-P)] -$$

$$\frac{I_P[S - W_i(t)]D(N)(T-P)P}{PT} -$$

$$I_p S I_e D(N) \frac{P^2(T-P)^2}{2TP} - \frac{S(1+I_e)D(N)P^2}{2TP} -$$

$$C_3' D(N) \frac{T^2 - t^2}{2TP} = 0 \tag{3-26}$$

把式(3-1)~式(3-5)代入式(3-26)得:

$$\frac{\partial TC(P,T)}{\partial P} = \frac{e^{\lambda t} ac e^{-t\eta}(1-\delta_i) - abc^2 e^{\lambda t} e^{-2t\eta}(1-\delta_i)^2}{P} -$$

$$\frac{ca e^{\lambda t} - bc^2 e^{t(\lambda-\eta)}(1-\delta_i)}{PT\alpha^2 \beta^2 (t-\gamma)^{2(\beta-1)}}[e^{T\alpha\beta(t-\gamma)^{\beta-1}} - T\alpha\beta(t-\gamma)^{\beta-1} -$$

$$1] + C_3(a - br^N)\frac{T^2 - t^2}{2TP} + \frac{ca e^{\lambda t} - bc^2 e^{t(\lambda-\eta)}(1-\delta_i)}{PT\alpha\beta(t-\gamma)^{\beta-1}}$$

$$[e^{T\alpha\beta(t-\gamma)^{\beta-1}} - 1] + \frac{ca e^{\lambda t} - abc^2 e^{t(\lambda-\eta)}(1-\delta_i)}{P} +$$

$$\frac{cI_P[ae^{\lambda t} - bce^{t(\lambda-\eta)}(1-\delta_i)]}{PT\alpha^2\beta^2(t-\gamma)^{2(\beta-1)}}[1 - T + P - e^{T\alpha\beta(t-\gamma)^{\beta-1}}] -$$

$$\frac{I_P(T-P)P}{PT}(a - br^N)[S - ce^{-t\eta}(1-\delta_i)] -$$

$$I_p SI_e(a - br^N)\frac{P^2(T-P)^2}{2TP} - \frac{SP^2(1+I_e)(a-br^N)}{2TP} -$$

$$C_3'(a - br^N)\frac{T^2 - t^2}{2TP} = 0 \qquad (3-27)$$

求得最佳付款时间 P_1^*。

3.3.3.2 当 $N \leq T+N \leq M$ 时最优解的最佳解决方案

$$\frac{\partial TC(P,T)}{\partial P} = \frac{W_i(t)D(S,t)}{P} - \frac{cD(S,t)}{PT\theta(t)^2}[e^{\theta(t)T} - \theta(t)T - 1] +$$

$$C_3 D(N)\frac{T^2 - t^2}{2TP} + \frac{cD(S,t)}{PT\theta(t)}[e^{\theta(t)T} - 1] +$$

$$\frac{cD(S,t)}{P} - \frac{SD(N)P^2}{2TP} - C_3' D(N)\frac{T^2 - t^2}{2TP} -$$

$$\frac{SI_e D(N)}{TP}(TP - \frac{T^2}{2}) = 0 \qquad (3-28)$$

把式 (3-1) ~式 (3-5) 代入式 (3-28) 得:

$$\frac{\partial TC(P,T)}{\partial P} = \frac{e^{\lambda t}ace^{-t\eta}(1-\delta_i) - abc^2 e^{\lambda t} e^{-2t\eta}(1-\delta_i)^2}{P} -$$

$$\frac{ca e^{\lambda t} - bc^2 e^{t(\lambda-\eta)}(1-\delta_i)}{PT\alpha^2\beta^2(t-\gamma)^{2(\beta-1)}}[e^{T\alpha\beta(t-\gamma)^{\beta-1}} - T\alpha\beta(t-\gamma)^{\beta-1} -$$

$$1] + C_3(a - br^N)\frac{T^2 - t^2}{2TP} + \frac{ca e^{\lambda t} - bc^2 e^{t(\lambda-\eta)}(1-\delta_i)}{PT\alpha\beta(t-\gamma)^{\beta-1}}$$

$$[e^{T\alpha\beta(t-\gamma)^{\beta-1}} - 1] + \frac{ca e^{\lambda t} - abc^2 e^{t(\lambda-\eta)}(1-\delta_i)}{P} -$$

$$\frac{SP^2(a - br^N)}{2TP} - C_3'(a - br^N)\frac{T^2 - t^2}{2TP} -$$

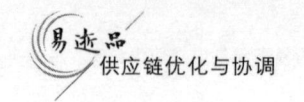

$$\frac{SI_e(a-br^N)}{TP}(TP-\frac{T^2}{2})=0 \qquad (3-29)$$

求得最佳付款时间 P_1^*。

3.4 本章小结

本书补充和改进了延期支付领域的研究，根据生产商允许零售商延期支付的可变期限、零售商允许消费者延期支付的可变期限与零售商的订货周期三者之间的关系，建立了更符合实际的决策模型，因而具有一定的理论价值和实践意义。同时，随着研究的深入，发现的问题会更多，本书的不足也越多。例如：

（1）只考虑了一种产品，而现实中生产商、零售商和消费者之间常常是多种产品同时进行的。

（2）只考虑生产商、零售商、消费者三阶段1：1：1串联结构；而串联结构只是供应链的理想化，事实上供应链是一个动态系统，因此，应考虑多个生产商对不同的零售商采取不同的延期支付政策设计。

（3）零售商的最优决策模型的建立没有考虑延期支付契约和其他契约联合方式，例如延期支付和回购契约联合等。

（4）假定商品零售价格是固定不变的，然而现实生活中，商品零售价格往往随时间和需求的变化而变化。

第4章 信息不确定条件下动态定价的易逝品供应链优化与协调研究

——基于药品采购最优报价

医药商业体制是由社会经济制度和医药市场经济结构等条件决定的。随着社会经济制度和医药市场经济结构等条件的不断发展变化，医药商业体制也需要不断地进行调整和改革。医疗行业作为一项重要的公众服务，其职能在于以低廉的成本，提供满足社会需要的医疗卫生服务。医药是治疗疾病、增进人们健康素质和与疾病作斗争的物质基础，医药的流通对于提高一个国家的整体及健康水平有着举足轻重的意义。

2000年2月，《国务院办公厅转发国务院体改办等八部门关于城镇医药卫生体制改革的指导意见》（国办发〔2000〕16号）发布，明确要求规范医疗机构购药行为，由原卫生部牵头，国家经贸委、药品监管局参加，进行药品集中招标采购工作试点，提出了规范药品集中招标采购的具体办法[1]。自此拉开了我国药品集中采购制度国家层面试点的序幕。

药品集中招标采购，改变了过去几十年来业已形成的药品产、供、销等各方面的利益分配格局，关系到医疗卫生事业、医

---

[1] 国务院办公厅：《国务院办公厅转发国务院体改办等部门关于城镇医药卫生体制改革指导意见的通知》，https://www.gov.cn/gongbao/content/2000/content_60046.htm。

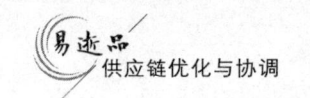

药经济发展和社会医疗保障管理体制的大局。

实行药品集中招标采购，目的是规范医疗机构药品购销活动，引入市场竞争机制，提高药品采购透明度，遏制药品流通领域不正之风，减轻社会医药费用负担，保证医药体制改革和医疗机构改革的顺利实施。

在招标采购经济活动中：

（1）药品生产方有可能隐瞒标的的真实成本，以图获得额外收入，双方之间的报价竞争是一个典型的不完全信息博弈过程。

（2）每个药品采购人员在并不确切知道标的的实际评估价到底为多少，只知道标的成本 C 是在区间 $[C_1, C_2]$ 上均匀分布的独立随机变量。

（3）各采购方之间的报价信息也是不确定的。采购人员互不知道其他竞价者的报价，但外包方可以肯定的是：投标报价越低，中标的可能性就越大；投标报价越高，中标的可能性就越小，但中标后的利润却较高。

对于任意的招标活动，它的报价都会在一定的范围内，并且参与人数越多，报价就会越倾向于某个稳定值，这个稳定值可以看作是目标函数 Y 的极限，也就是其最优解。因为投标报价的竞争性，报价 Y 必须取得该范围的极小值才能中标。

制定合理的投标报价在采购中有着举足轻重的地位；报价是外包的核心，是业主选择采购方的重要标准，同时也是生产企业和采购商就项目标价进行采购合同谈判的基础，它直接关系到药品采购的成败。

面对药品产品生命周期趋短；市场需求不确定，难以预测；对交货期的要求越来越高；生产商的生产能力难以与客户的需求相匹配等特点，使得易逝品承包商报价决策日趋复杂和重要。

第4章 信息不确定条件下动态定价的易逝品供应链优化与协调研究
——基于药品采购最优报价

4.1 国内外研究现状

4.1.1 信息不对称条件下供应链协调问题研究现状

信息不对称的概念源自 Akerlof 于 1970 年提出的信息非对称论。其表述为，市场上买卖双方各自掌握的信息是有差异的，通常卖方拥有较完全的信息而买方拥有不完全的信息；在信息不对称的市场环境中，企业管理者比投资者更多地了解企业的全部经营信息，因此在与投资者的对弈中处于优势地位。这种信息不对称的产生是专业化分工的必然结果，同时随着信息量的急剧膨胀，任何人都不可能掌握完全信息，对同一事物信息占有相对量的差别导致了交易者信息地位的不同。

信息不对称条件下研究供应链协调问题也是当前经济学和管理学领域研究的重点。

刘品（2010）假设生产商的生产率为有限值，先是在信息对称情形下进行了全量折扣契约协调分析，接着在需求和库存成本信息不对称同时存在的情形下提出了一个全量折扣模型，最后给出了这两种情形下的供应链协调策略。李怡娜和徐学军（2011）分别建立了分散决策和集中决策情形下的可控提前期供应链库存优化模型，并在充分考虑各参与方个体理性的基础上，探讨了信息不对称条件下提前期可以通过额外的赶工成本来加以控制的两级供应链协调问题。王新辉、汪贤裕、苏应生（2013）讨论了具有双边不对称成本信息的供应链，通过引入利他委托人这一概念，建立了基于 AGV（Aspremont Gerard – Varet，自动导引车）机制的双边逆向选择模型，并且在此基础上建立了非对称信息下的供应链模型。姚家庆和岳朝龙（2014）研究了由一个农户和一个销售企业组成的供应链在成本信息不对称下的协调问题。

他们从销售企业的角度分析了农户的决策行为,讨论了销售企业在农产品生产成本信息不对称的情况下制订生产补助计划,诱导农户调整其生产规模,在农村供应链成员收益都实现帕累托改进的情况下也实现了整个供应链效率的提高。齐天真、孙蕊和郭超坤(2016)首先对农产品供应链的信息不对称性成因进行了分析,其次在信息不对称的理论框架下对供应链的运作机理和特征进行了总结,最后对信息不对称条件下农产品供应链的利润分成进行了模型分析,提出了相关的意见和建议,为农产品供应链的定价权和利润分配提供参考。

4.1.2 信息不对称条件下最优报价研究现状

4.1.2.1 报价模型

国外学者 T. L. Morin 和 H. Richard(1969)较早提出了最优利润率报价模型,该模型通过确定一个承包商某一时期的最佳毛利润来达到承包商的经营目标。Robert I. Carr(1982)提出了一般报价模型。他将机会成本纳入竞争性投标报价分析中,对最优利润率报价模型进行了改进,以便承包商做有关整个公司或单独项目的决策。

张醒洲和邹珍珍(2011)利用模糊数刻画竞标方彼此成本信息不对称,并用线性风险损失刻画竞标方面临的失标风险及赢者诅咒风险,构造了信息不完全背景下竞标方报价模型。陈起俊和梁宝栋(2012)以清单计价模式的实施为背景,将放松风险中性这一基本假设引入工程项目投标人的风险态度因子,在综合评估法基础上,构建了投标报价博弈模型,并通过案例进行模拟分析,以期能科学地指导投标报价。宋娟娟(2015)介绍了不完全信息静态博弈模型应用于工程项目的最优投标报价策略,建立了复合标底博弈模型和合理低价法博弈模型指导投标报价。陈金龙和占永志（2018）运用鲁宾斯坦讨价还价博弈思想，构建了信息不对称情形下第三方供应链金融服务商与银行、客户企业之间双边讨价还价博弈模型，分析了服务商与银行之间的利率定价以及服务商与客户企业之间的利率定价问题。

4.1.2.2 报价策略

张新华和叶泽（2007）基于电力竞价是一个不完全信息下的博弈问题，分别对容量相同的双寡头市场、容量相同与不同情况下的多个发电商的竞价进行了模型化策略分析，并给出了发电商的最优报价。王刊良和王嵩（2010）以典型的三阶段讨价还价活动为例，将信息的非对称性（如谈判者不同的价格区间信息、不同的心理压力）等因素引入讨价还价博弈分析，先研究了非对称压力完全信息下的讨价还价，接着深入探讨了非对称下的讨价还价活动，证明了情境因素对谈判活动的重要影响。邓培林和袁建新（2011）把博弈论的理论和方法分析运用于招投标报价决策过程，通过对不完全信息下投标工程投标报价、竞标过程的分析来确定自身的动态评判标准，并对这种博弈局势进行了定量剖析，给出招投标决策满意报价的解析结果。王昕（2012）通过对建设工程投标报价的"不完全信息静态博弈"特征的分析，提出了应用"纳什均衡"指导报价决策的构想，形成了最优报价策略的方法。

4.1.3 药品采购最优报价研究现状

齐忆虹、张晓、曹乾（2010）从医疗保险部门合理管控药品费用出发，在现时可行性分析的基础上，探索了建立医疗保险部门与药品供应商的药品价格谈判机制，以期能对合理控制药品费用产生一定的影响。曾飞扬（2011）从药品招标采购评标办法这一角度入手，提出药品招标采购运用复合标底评标方法这一观点，使药品价格不再由投标方主宰，并构建了复合标底报价模型，为报价提供参考依据。何锐、葛靖、何梦娇等（2020）基于博弈论，构建不完全信息的静态博弈模型，分析了药品带量采购降价的影响因素，并提出了相关建议；该模型涵盖了具有参与药品集中采购资格的企业数量和最多中标企业数量以及其申报价格、成本、报价策略和企业中标后可获得的平均约定采购量、中标概率、中标后的期望收益等内容；在此模型下，投标企业数量越多、申报价格上下限越低（但下限不能低于成本价）、合同约定采购量越大，均有利于获得更低的中标价格。李毅仁、路云和常峰（2020）应用博弈理论，研究了药品生产企业在带量采购背景下的最优报价策略。王彪、张天天、唐啸宇等（2023）使用比值和极差比较中选药品价格差异，利用国家产品虚拟法描述药品价格的区域分布情况，分析了我国集中带量采购中选药品价格的差异和区域分布，为促进中选药品更加合理报价与定价提出政策建议。

综上所述，研究采购方最优报价问题的论文和著作还较少。因此，考虑到非对称信息即采购商相比外包方总是处于信息劣势，那么如何确定药品采购商最优报价，使其总利润最大，是本书研究的目的。基于此，本书针对由药品采购方和外包方组成的供应链的信息不对称现象，考虑成本、参与竞争的承包方数量、报价、报价的上限和成本的下限等多因素建立了在需求信息不对称情形下的采购方最优报价模型。

4.2 前提假设与符号说明

4.2.1 前提假设

建立模型之前，给出一些合理的假设：

(1) 采购商数目固定,采购商是相对独立的,估价的分布和拍卖规则都是公有知识。

(2) 中标原则:先由外包方报一个最高价(底标),然后由各采购方来密封报价,最后以最低报价成交。

(3) 博弈双方在决策时都是完全理性的,投标者是风险中性的,即采购商中标的预期利润必须为正值,否则将退出竞标。

(4) 最大效用原则:对采购方来讲,其主要目的是通过外包获得利润而不是在外包过程中获得生产该产品的关键技术、剩余索取权和剩余控制权的分配比例。

4.2.2 符号说明

研究中涉及的变量如下:

(1) b_i:采购方 i 的报价。

(2) C:标的成本,且 $C_1 \leqslant C \leqslant M$。$C_1$ 为各采购方招价的下限。

(3) M:各采购方报价的上限(底标)。

(4) v_i:采购方对标的实际成本的估价,且 $v_i \in [C_1, M]$。

(5) N:参与竞争的采购方数量。

(6) c_i:表示投资利润率。

(7) a_i:表示投资固定成本。

(8) P:中标概率。

(9) U:采购商中标的预期利润。

4.3 模型建立与修正

4.3.1 模型建立

业务外包中,外包方和采购方的合作过程是一个动态博弈的过程。随着报价的增加，中标概率呈曲线下降的趋势（见图 4-1）。外包方要在充分考虑采购方的决策和自身利益最大化的基础上制定合理的利益分配比例 λ。因此，利益分配方案是否合理直接关系到外包的成败。

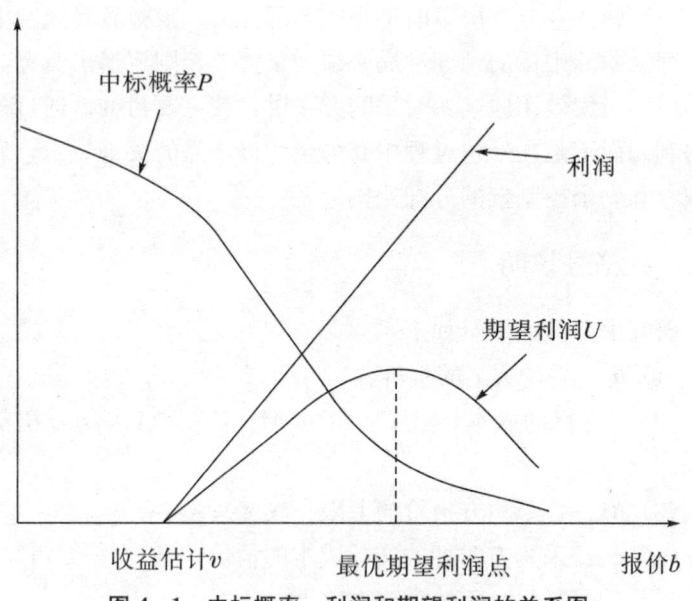

图 4-1 中标概率、利润和期望利润的关系图

（1）有 N 个采购方，每个采购方对外包项目的收益有个估计 $v_i(i=1, 2, \cdots, N)$，即：$v_i = (v_1, v_2, \cdots, v_N)$，$v_i \in [0, 1]$，且 $v_i \in [C_1, M]$。

（2）每个采购方对外包项目的收益的报价为 $b_i(i=1, 2, \cdots, N)$，即：$b_i = (b_1, b_2, \cdots, b_N)$，$b_i \in [0, 1]$。

（3）在投标过程中，采购商 i 会根据自己的估价 v_i 提出一个投标竞争标价 b_i（b_i 与 v_i 有正相关关系，且 $b_i \geqslant v_i$）。因为估价越低，其报价就越有优势；反之，则报价越高。即：

$$b_i = f(v_i) = a_i + c_i \times v_i (a_i \geqslant 0, c_i > 0, b_i \geqslant v_i \geqslant 0),$$

(4-1)

因为 $v_i \in [C_1, M]$,所以 $b_i \in [a_i + c_i \times C_1, a_i + c_i \times M]$。

(4) 如果采购方 i 想得到采购合同,他必须是这 N 个人中报价最高者,接近底标 M。那么采购方 i 对外包项目效益估值为 x_i 时,仅当其他人的报价都低于 $f(x_i)$ 时承包商才有可能获胜,而别人报价抵于 $f(x_i)$ 的概率为他们对拍卖品的估值低于 v_i 的概率。在考虑到每人的估值是独立的以及承包方 i 对别人的估值只知道它服从 $[0,1]$ 之间的均匀分布,故报价 $f(x_i)$ 能胜出的概率就是 x_i^{N-1},因为只有当投标者以自己的最低价格来进行投标报价时,投标者才有可能中标。

(5) 因此采购方 i 对外包项目效益估值为 x_i 时获胜的期望效益是:

$$U(x_i) = \{v_i - f(x_i)\}x_i^{N-1} \qquad (4-2)$$

4.3.2 模型求解

当 $x_i = v_i$, $U(x_i)$ 时达到最大值,从而 $U'(x_i) = 0$,即:

$$U'(x_i) = \frac{\mathrm{d}\{[v_i - f(x_i)]x_i^{N-1}\}}{\mathrm{d}x_i} = \frac{\mathrm{d}\{[v_i - f(v_i)]v_i^{N-1}\}}{\mathrm{d}v_i} = 0$$

即:

$$(N-1)v_i^{N-2}[v_i - f(v_i)] - v_i^{N-1}f'(v_i) = 0 \qquad (4-3)$$

这一等式对于任何 $v_i \in [0,1]$ 都成立,故:

$$\{f(v_i)v_i^{N-1}\}' = (N-1)v_i^{N-1}$$

由此解得:

$$f(v_i) = \frac{(N-1)v_i}{N}$$

即承包方 i 报价为:

$$b_i = \frac{(N-1)v_i}{N} \qquad (4-4)$$

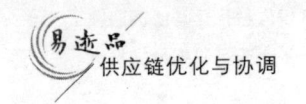

4.3.3 检验

4.3.3.1 期望效用 $u_i(v_i,b_i)$ 的确定

如果每个采购方都希望采取一定的拍卖策略，使得自己得到的期望效用（收益）最大，则有：

$$u_i(v_i,b_i)=\begin{cases} b_i - v_i & (b_i < b_j) \\ \dfrac{b_i - v_i}{N} & (b_i = b_j) \\ 0 & (b_i > b_j) \end{cases} \quad (4-5)$$

其中，$i, j = 1, 2, \cdots, N, i \neq j$。

4.3.3.2 期望效用 $u_i(v_i,b_i)$ 的求解

因为

$$U_i = \max[(b_i - v_i) \times P_{中标率} + (1 - P_{中标率}) \times 0]$$

又由于各参与者估价不同，这时 $b_i = b_j$ 的概率就是 0，因此：

$$U_i = \max\Big[(b_i - v_i) \times P\{b_i < b_j (j=1,2,\cdots,N, j \neq i)\} + \dfrac{(b_i - v_i)}{N} \times P\{b_i = b_j\}\Big]$$

$$= \max\Big[(b_i - v_i) \times \prod_{j=1, j \neq i}^{N} P\{b_i < b_j\} + 0\Big] \quad (4-6)$$

又因为 $v_i \in [C_1, M]$，$b_i \in [a_i + c_i \times C_1, a_i + c_i \times M]$，则有：

$$U_i = \max\Big[(b_i - v_i) \times \prod_{j=1,j \neq i}^{N} \int_{a_j+c_j \times C_1}^{a_j+c_j \times M} \dfrac{1}{M - C_1} \mathrm{d}x\Big]$$

$$= \max\Big[\dfrac{1}{(N-1) \times (M-C_1)^{N-1} \times \prod\limits_{j=1,j \neq i}^{N} c_j}\Big\{(b_i - v_i) \times$$

$$= \max\left[\frac{\prod_{j=1,j\neq i}^{N}(a_j + M \times c_j) - (a_j + C_1 \times c_j)\}]}{(N-1) \times (M-C_1)^{N-1} \times \prod_{j=1,j\neq i}^{N} c_i}\{(b_i - v_i) \times \right.$$

$$\left. \prod_{j=1,j\neq i}^{N} M \times c_j - C_1 \times c_j)\}\right] \quad (4-7)$$

因为 $b_i = f(v_i) = a_i + c_i \times v_i (a_i \geqslant 0, c_i > 0, b_i \geqslant v_i \geqslant 0)$ 和 $v_i \in [C_1, M]$,则有:

$$U_i = \max\left[\frac{1}{(N-1) \times (M-C_1)^{N-1} \times \prod_{j=1,j\neq i}^{N} c_i}\{(b_i - v_i) \times \right.$$

$$\left. \prod_{j=1,j\neq i}^{N} M \times c_j - (b_j - a_j)\}\right] \quad (4-8)$$

4.3.3.3 最佳投标报价策略为 b_i^* 的确定

因为 $(M \times c_j - C_1 \times c_j) \geqslant 0$,所以:
$[M \times c_j - (b_j - a_j)] \geqslant 0 (j = 1, 2, \cdots, N, j \neq i)$

又由 $(N-1) \times (b_j - v_j) > 0$,因此当 $[(N-1) \times (b_j - v_j)] = [M \times c_j - (b_j - a_j)] (j = 1, 2, \cdots, N, j \neq i)$ 时,式(4-8)取得最大值。

故的 b_i 最佳是:

$$b_i = \frac{M \times c_j + a_j}{N} + \frac{(N-1) \times v_i}{N} \quad (j = 1, 2, \cdots, N, j \neq i)$$

$$(4-9)$$

所以:

$$\begin{cases} a_i = \dfrac{M \times c_j + a_j}{N} & (j = 1, 2, \cdots, N, j \neq i) \\ c_i = \dfrac{N-1}{N} \end{cases}$$

$$(4-10)$$

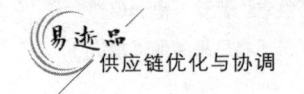

同理，根据各采购方的独立性，对其他第 $k(k = 1, 2, \cdots, N, k \neq i)$ 方来说，则有：

$$\begin{cases} a_k = \dfrac{M \times c_i + a_i}{N} \\ c_k = \dfrac{N-1}{N} \end{cases} \quad (i = 1, 2, \cdots, N, i \neq k)$$

(4-11)

这样对各采购方来说，类似式（4-9）、式（4-10），实际上得到 n 个独立的方程组，将以上方程组联立在一起，解得：

$$\begin{cases} a_i = M \\ c_i = \dfrac{N-1}{N} \end{cases} \quad (4-12)$$

即各采购方 i 的最佳投标报价策略为

$$b_i^* = \frac{M}{N} + \frac{(N-1) \times v_i}{N} \quad (4-13)$$

4.4 本章小结

在需求信息不对称情形下的药品采购方最优报价模型，不仅与采购方报价的上限、采购方对标的实际成本的估价有关，还与参与竞争的采购方数量有关。这样，采购方就可以根据自己的成本情况和行业内的最高成本，定量地确定自己的报价策略。

为了更好地进行投标决策，药品采购企业需要注意以下几个方面：

（1）业务外包是一项具有竞争力的经营战略，给企业带来最大的收益就是成本降低。但是如果解决方案需要花费的所有其他成本（比如广泛搜集承包商信息成本、监督承包商成本、承包商信息库的建立与维护等）较高，外包所投入的总成本高于自营成本，企业很可能会重新回到是自营，这样外包就失去了原有的

第4章 信息不确定条件下动态定价的易逝品供应链优化与协调研究
——基于药品采购最优报价

意义。

（2）外包多以低价格取胜为主要原则，然而随着全球化的竞争加剧、产品生命周期的缩短，外包产品的个性化、创新型的需求已成为趋势。市场对承包商提供的技术附加值、服务等要求越来越高。承包商不能仅仅以低价格提供高质量产品，更要在技术创新、个性化服务、提前期缩短、优质的售后服务等方面做出回应。

（3）本书是在假设博弈双方在决策时都是完全理性的，投标者是风险中性的情况下进行研究和讨论的。事实上，这样的研究具有局限性，很多的药品采购企业以及承包商可以是风险偏好型的，承包商不同的风险态度对药品采购企业的收益有直接的影响。

（4）本书是在假设已知业主标底的基础上进行研究的，因此，其研究成果在投标报价实践中缺乏可操作性。

（5）承包商最优报价模型建立在投标对手的投标模式稳定不变的前提下，但在实际博弈中，投标人竞争对手的投标报价策略往往是随着市场及自身条件的变化而变化的。

（6）在信息不对称条件下，承包商和药品采购企业通常会在事前隐瞒对自己不利的信息。在承包商选择中，由于信息的不完全，药品采购企业很可能会放弃优质的承包商，而选择劣质承包商。所以药品采购企业应广泛搜集招标信息，并联合其他药品采购企业建立承包商信息库，实现信息共享，用以消除信息不对称存在的客观条件，并随时进行全面动态分析。

（7）当参与竞争的承包方数量 $N \to \infty$，$b_i^* = v_i$，利润几乎为 0；当参与竞争的承包方数量 $N \to 1$，$b_i^* = M$，利润最大。因此，每个招标项目投标人数量应控制在一定范围内。建议在法律法规上对每个招标项目的投标人数量给予限定，避免投标人太少造成竞争不足或投标人太多造成社会资源浪费。

第 5 章 基于动态需求的药品采购研究

5.1 问题描述

对于不考虑保质期的商品采购策略问题,目前已有不少研究成果。R. L. Aull–Hyde(1996)在假定售卖价格不知,可货物补给是有规律的前提下,提出了允许价格折扣和灵活的订购的最小费用问题。Felipe Caro(2005)研究了在畅销、滞销但有可预料的要求,滞销和没有可预料的要求,数据、需求率随着时间的变化而变化的情况下,在销售季节零售商如何对采购产品进行分类获取全部的利润最大值的问题。Shib Sankar Sana(2008)根据季节性产品需求遵循正弦规律的特点,建立了 EOQ 模型。

在实际生活中,许多商品的销售利润与其保质期有一定的关系。随着时间的推移,商品将发生品质下降的情况,并最终降低到人们不能接受的程度,这种情况称为商品失效,失效时间则对应着商品的货架寿命。因此,一个产品的寿命接近其最大保质期是没有吸引力的,客户更喜欢产品保质期更长的商品。因此,研究具有保质期商品的采购策略具有重要的现实意义。

5.2 国内外研究现状

5.2.1 药品采购问题

相较于其他领域，药品采购的目标体系与利益格局更加复杂，在实践中的表现形式也丰富多样，这些都是这一领域中的研究热点。

5.2.1.1 采购机制

Vogler 等（2017）选择了三个规模、经济财富和健康组织相似的国家作为样本，评估了非专利门诊药品招标在节约医保基金和改善药品可及性方面的成效，并补充调查了利益相关方对此的主观评价及归因，发现招标可以增加药品可负担性，如果设计得当，也并不一定会导致诸如质量问题或短缺等负面影响。国内学者郭丽岩（2014）强调药品实际采购数量是议价的基础，国外药品招标采购都是基于带量保障开展的。王蕴（2014）也表明，对非专利药实行集中招标采购，能够发挥市场竞争机制作用，有利于提高药价规制绩效。常峰、刘洪强和罗修英（2015）考察了欧盟各国药品招标采购的制度要素，指出严格执行"以量换价"是关键。舒茜、姚峥嵘和王艳翚（2019）分析了相关利益主体在药品带量采购政策中的地位和影响。李寿喜、沈婷芝（2021）基于华海药业的案例研究，指出带量采购实施使得医药企业药价大幅下降，而且对于医药企业的创新有显著促进作用。

5.2.1.2 采购策略

对保质期的商品采购策略问题，目前国内外学者的研究相对较少。

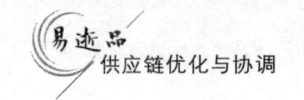

T. Andrew（2003）通过建立消费者需求模型，解释了为什么有非原厂品牌的新药物进入市场后，新药品公司的药品价格一直下降，而品牌产品却一直能保持价格增加，即使新产品价格已经变得稳定的现象。

国内学者戴更新、达庆利（2000）通过讨论商品的保质期和销售利润之间的关系，将同种商品按保质期的长短进行划分，在确定性需求及随机性需求的条件下分别建立相应的数学模型，研究了具有保质期的商品采购策略问题。沈烽、张健、黄源等（2014）合理制定供应商评分标准，并将该标准通过软件设计嵌入医院电子化药品物流平台，建立供应商评分系统，将药品采购过程如供应商资质管理、订单处理、质量药品处理效率等通过扫描设备进行记录及进行数据处理。宋毅、斐鹿岩和孙世光（2016）借鉴运营管理学、时间序列分析和定量管理决策方法，构建"多品种联合订货模型"，并制定了药品采购和库存控制策略。

5.2.2 药品价格策略问题

宿晓（2010）指出，发生在流通环节的药品供应链成本高达国内药品平均售价的 40%～50%，成为引发药品价格继续上涨的关键因素。苏晓丹（2013）针对目前制药企业库存管理的现状以及存在的问题，详细分析药品利润与库存成本的各个影响因素，根据往年销售数据模拟需求曲线，建立了季节性药品提前订购的价格折扣模型。刘万韬（2017）在系统分析我国药品价格变化趋势及政府规制发展历程基础上，从药品特征、市场主体、市场供求角度解析了影响我国药品价格波动的关键因素，进而从形成要素、运作模式和定价模式视角研究了我国药品价格的形成机制；同时阐述了当前药品价格形成机制中存在的主要问题，最后提出了完善定价机制和集中招标采购制度、规范医药产业链各主体行为等政策建议。李志（2020）分析了我国药品价格形成的影响因素，如药品价格构成要素、药品价格的影响因素、药品定价方法及定价模型；提出了完善我国药品价格市场化改革的对策；建立了合理的药品价格形成机制；通过顶层设计和操作层面的衔接，分别就如何完善药品市场价格机制提出了具体的、可行的建议。袁金桥（2022）对市场化不同阶段的药品市场参与者进行建模，以信息交换网络为媒介，以关联信息差与药品价格为形成机制，探索经济系统演化过程中药品价格的治理策略。

5.2.3 药品库存问题

针对药品库存的早期定量研究主要为需求确定模型。N. Shah（2004）总结了近二十年来药品供应链模型的发展。后来，不少研究建立了需求不确定或者提前期不确定的药品库存模型。例如，S. Minner（2007）讨论了在一个多产品环境中，如何利用几种启发式方法来设置订货点和订货量。为了优化库存结构，保障药品供应和药品质量，马瑛、庞成森、王新鹏等（2013）通过建立药品供应链协同服务平台、整合药品库存、调整药品采购等方法优化库存结构。周颖、罗利和吴晓东（2015）以医院的多药品订购问题为背景，在变质库存理论的基础上，在允许缺货、具有提前期的前提下，建立了以库存空间为约束条件的数学模型，确定各种药品最优订货量，力求使得总利润最大。吴登丰、甘筱青和俞昆（2016）从供应链视角，针对联合库存模式在前期试运行中出现的问题，通过系统动力学理论和 Vensim（系统动力学建模仿真）软件，对联合库存一些重要参数的设立，以及各参与方对联合库存管理的措施及方向提出理论框架。刘璐、吴军、李健等（2018）基于经济订货批量模型和经济生产批量模型建立了二级供应链的药品库存模型，求得最优解，并对一

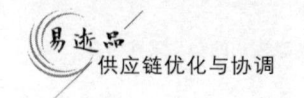

些重要参数进行了敏感性分析。

5.2.4 药品动态需求

蒋智凯（2012）针对医院主导型医药供应链，使用仿真软件对医药供应链建立仿真模型，定量分析了需求不确定性对医院服务水平的影响。张军、李占风（2014）针对地震灾害初期的伤病员人数增长及其对紧急救援药品的需求均呈"S"形变化的特性，构建了灰色预测模型，预测地震灾害救援初期的伤病员人数变化情况；结合地震灾害伤病员人数与紧急救援药品需求间的关联关系，实现对地震灾害紧急救援药品需求量的科学预测。谢丽云、段利忠、卢奇等（2014）指出可通过建立药品流通信息平台以增强流通信息可视化程度、完善药品监管体系以发挥市场中介组织服务作用、实现药品可溯源性等措施，促进医药流通供应链的合理化。黄辉、杨佳祺、吴翰等（2016）运用系统动力学模拟软件对流图进行编程仿真，根据救援药品日剂量得到各救援药品的需求量，辅助震后救援药品的动态需求决策。李勇、盛亚楠、赵梦等（2017）从供应链角度分析我国药品短缺原因，主要包括利润过低、原料短缺、渠道不畅和招标限价等。

综上可知，国内外学者已开始涉足药品的动态需求研究，且取得了部分研究成果，但以上学者对药品的动态需求考虑因素大多没有涉及药品购买时的失效率。本书主要对有保质期的药品采购与药品购买时的失效率、药品失效率和库存，药品保质期与药品购买时的失效率，库存量（箱）与药品收入和可替代药品收入、医院就诊人次的关系进行定量了研究；并建立了关于药品的采购模型和库存的多元线性回归模型，通过层层递推关系，研究具有保质期的药品采购问题。

5.3 符号说明

(1) q：代表一月内所购买的某种药品的数量。所购买药品的全部用于维持这一月月初这种药品的现有库存，或用于增加库存。

(2) u：代表这一月的消费量。

(3) v：代表这一月净增的库存。

(4) λ：代表这种药品购买时的失效率。

(5) l'：代表上月及以前所买的这种药品失效率。

(6) y：表示年初的库存。

(7) $\hat{y}$：表示下年的预测库存。

5.4 建立采购模型

采购模型的描述如下：

若 $\hat{y}>y$，则增加库存；若 $\hat{y}<y$，则减少其库存。一般经营商不可能立刻消灭 $\hat{y}$ 和 y 之间的差距，而是使这两者按一定的比例靠拢。在一定的时期，设这个比例为 β ($0\leqslant\beta\leqslant1$)，则这一月净增的库存为：

$$v = \beta(\hat{y} - y) \quad (5-1)$$

y 是按相当于一定数量的新产品来度量的，那么显然，这一月的消耗至少是：

$$u \equiv l'y + \lambda q \quad (5-2)$$

又

$$q \equiv u + v \quad (5-3)$$

把式（5-1）、式（5-2）代入式（5-3）得：

$$q = l'y + \lambda q + \beta(\hat{y} - y)$$

$$= \frac{1}{1-\lambda}[l'y + \beta(\hat{y}-y)] = \frac{l'}{1-\lambda}[\beta\frac{1}{l'}\hat{y} + (1-\beta\frac{1}{l'})y] \tag{5-4}$$

令 $\frac{1}{n} = l'$,$\frac{1}{m} = \lambda$,则：

$$q = \frac{m}{m-1}\left[\frac{y}{n} + \beta(\hat{y}-y)\right]$$

5.5　m 与 n 值的确定

5.5.1　m 值的确定

假定采购均匀地分布在每个时期，那么 m 与 n 的关系可以参见文献[1]，即：

$$m = \frac{\sum_{k=1}^{\infty}\left(\frac{1}{kn^k}\right)}{\sum_{k=2}^{\infty}\left(\frac{1}{kn^k}\right)} = 2n - \frac{1}{3} \tag{5-5}$$

当 $k = \infty$ 时，$m = 2n - \frac{1}{3}$。

5.5.2　n 值的确定

用 T 表示药品保质期，即在正常情况使用下，已经失效完毕时所消逝的时间，则 T 表示为[2]：

---

[1] 孙焰：《现代物流管理技术——建模理论及算法设计》，同济大学出版社，2005 年，第 21 页。

[2] Stone Richard, Rowe D A: The market demand for durable good, Econometrica, 1957, 25 (3): 425.

$$T = \frac{2.3}{\sum_{k=1}^{\infty}\left(\frac{1}{kn^k}\right)} \tag{5-6}$$

当 $k = \infty$ 时，$T = 2.3n - 1.2$，则：

$$n = \frac{T + 1.2}{2.3}$$

5.6 建立 $\hat{y}$ 函数模型

5.6.1 构建模型

影响库存的因素主要有药品收入、可替代药品收入、订购量等（见表 5-1）。做散点图（见图 5-1、图 5-2、图 5-3），从图可以看出：库存量与药品收入和就诊人次是一种负相关关系，近似线性；库存量与替代药品收入是一种正相关关系，也近似线性。

表 5-1 库存量与药品收入、可替代药品收入、就诊人次关系

月份	库存量 y（箱）	药品收入 x_1（万元）	可替代药品收入 x_2（万元）	就诊人次 x_3（万人）
1	17.2	47.5	49.1	29.8
2	18.1	41.9	49.2	29.0
3	18.5	45.0	51.5	27.1
4	17.6	45.3	47.9	29.6
5	15.5	50.1	46.2	32.3
6	17.9	46.2	48.6	29.2
7	16.0	49.1	45.2	30.6
8	17.0	46.5	49.0	29.8

续表

月份	库存量 y（箱）	药品收入 x_1（万元）	可替代药品收入 x_2（万元）	就诊人次 x_3（万人）
9	18.2	44.6	49.7	29.6
10	16.8	46.5	47.1	30.3
11	17.3	46.8	47.8	30.4
12	17.5	46.7	50.1	28.8

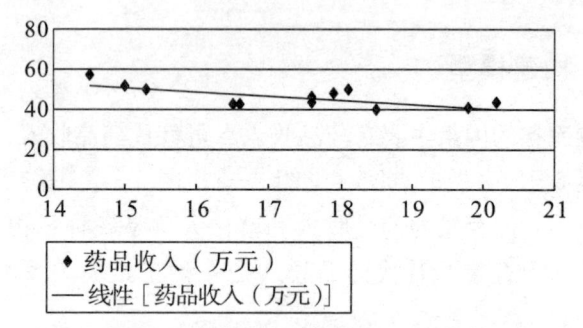

◆ 药品收入（万元）
— 线性［药品收入（万元）］

图 5-1 库存量与药品收入的关系

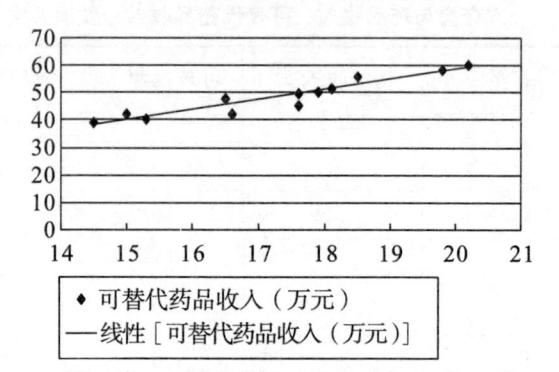

◆ 可替代药品收入（万元）
— 线性［可替代药品收入（万元）］

图 5-2 库存量与可替代药品收入的关系

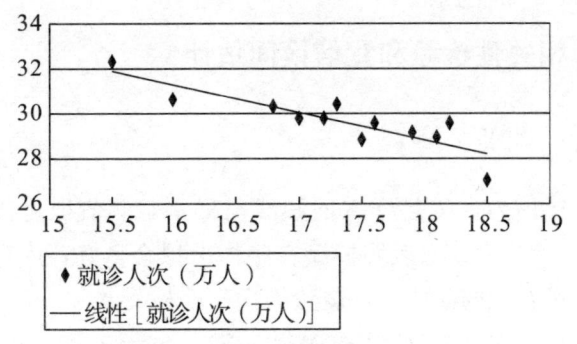

图 5-3 库存量与就诊人次的关系

构建多元线性回归模型：

$$\hat{y} = b_0 + b_1 x_1 + b_2 x_2 + \cdots + b_i x_i \qquad (5-7)$$

其中，b_0，b_1，b_2，$\cdots$，b_i 为回归系数；x_1，x_2，$\cdots$，x_i 分别为药品收入。

5.6.2 数据回归分析

对数据进行回归分析，可得：相关系数 $R=0.99979$，方差见表 5-2。

表 5-2 方差分析

	回归系数	标准误差	t 统计量	下限 95%	上限 95%
截距	0	—	—	—	—
药品收入 x_1	-0.15571	0.078304	-1.98855	-0.33285	0.021425
可替代药品收入 x_2	0.430997	0.035499	12.14094	0.350692	0.511303
就诊人次 x_3	0.122286	0.120995	1.010675	-0.15142	0.395995

根据表 5-2 建立回归模型：

$$\hat{y} = -0.15571 x_1 + 0.430997 x_2 + 0.122286 x_3 \qquad (5-8)$$

把 x_{1k}，x_{2k}，x_{3k} 代入式（5-8）可得 $\hat{y}$ 值。

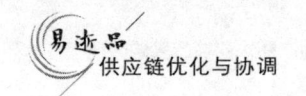

5.6.3 相关性检验和置信区间估计

5.6.3.1 相关性检验

(1) R 检验。R 是样本回归线与样本观测值拟合优度的度量指标，$R=0.99979$ 表明模型在整体上拟合良好，库存量与药品收入、可替代药品收入和就诊人次高度相关。

(2) F 检验。查 F 分布表得：$F_{0.05(3,9)}=3.86$，$F_{0.01(3,9)}=6.99$，因为 $F=7141.073>F_{0.01(3,9)}=6.99$，表明库存量与药品收入、可替代药品收入和就诊人次间存在显著的直线关系。

5.6.3.2 置信区间估计

1. 构建剩余标准差（S）的模型[1]

令

$$S=\sqrt{\frac{(L_{yy}-\sum_{k=1}^{m}b_k L_{yk})}{n-m-1}} \quad (5-9)$$

其中：

$$\begin{cases} L_{yy}=\sum_{k=1}^{n}(y_k-\bar{y}) \\ L_{yk}=\sum_{j=1}^{3}\sum_{k=1}^{n}(y_k-\bar{y})(x_{jk}-\bar{x}_j) \end{cases} \quad (j=1,2,3) \quad (5-10)$$

---

[1] 孙焰：《现代物流管理技术——建模理论及算法设计》，同济大学出版社，2005年，第21页。

第5章 基于动态需求的药品采购研究

$$\begin{cases} \bar{x}_i = \dfrac{1}{n}\sum_{k=1}^{n} x_{ik} \\ \bar{y} = \dfrac{1}{n}\sum_{k=1}^{n} y_k \end{cases} \quad (i=1,2,\cdots,m) \qquad (5-11)$$

由式（5-11）得：$\bar{x}_1 = 46.35$，$\bar{x}_2 = 48.45$，$\bar{x}_3 = 29.708$，$\bar{y} = 17.3$。

可求得 $x_{jk} - \bar{x}_j$ 和 $y_k - \bar{y}$。

把 $\bar{x}_1 = 46.35$，$\bar{x}_2 = 48.45$，$\bar{x}_3 = 29.708$，$\bar{y} = 17.3$ 代入式（5-10）得：

$$L_{yy} = \sum_{k=1}^{n}(y_k - \bar{y})^2 = 8.66$$

$$L_{yk} = \sum_{j=1}^{3}\sum_{k=1}^{n}(y_k - \bar{y})(x_{jk} - \bar{x}_j)$$
$$= -17.65 + 14.33 - 10.47$$
$$= -13.79$$

又由表 5-2 得：

$$\sum_{k=1}^{m} b_k = -0.15571 + 0.430997 + 0.122286 = 0.397573$$

则有：

$$\sum_{k=1}^{m} b_k L_{yk} = 7 - 13.79 \times (-0.2048 + 0.25949 + 0.00567)$$
$$= -5.4825$$

把 $L_{yy} = 8.66$ 和 $\sum_{k=1}^{m} b_k L_{yk} = -5.4825$ 代入式（5-9）得：

$$S = \sqrt{1.7678} = 1.2069$$

2. 置信区间估计

y 的预测值为 y_0，在置信水平 α 下，y_0 的置信区间为：

$$[y_0 - t_{\frac{\alpha}{2}} S(n-m-1), y_0 + t_{\frac{\alpha}{2}} S(n-m-1)]$$

把 $S = 1.2069$ 代入式（5-12），则置信区间估计值为：
$$[y_0 - 1.2069t_{\frac{\alpha}{2}}(8), y_0 + 1.2069t_{\frac{\alpha}{2}}(8)]$$

当 $\alpha = 0.05$ 时，查 t 分布表可知 $t_{\frac{\alpha}{2}}(8) = 2.306 = t_{\frac{0.05}{2}}(8) = 2.306$，即置信区间估计值为：
$$[y_0 - 2.7879, y_0 + 2.7879]$$

5.7 采购模型求解

5.7.1 n、m、l'、λ 值的确定

令 $T = 3$，由式（5-6）得 $n = 1.826$，则 $l' = \dfrac{1}{n} = 0.548 = 54.8\%$。

把 $n = 1.826$ 代入式（5-5）得 $m = 2n - \dfrac{1}{3} = 3.319$，则 $\lambda = \dfrac{1}{m} = 0.301 = 30.1\%$。

5.7.2 q、u 值的确定

把 l'、λ、y、$\hat{y}$ 代入式（5-2）和式（5-4），求得 q、u 值（见表5-3）（取 $\beta = 0.95$）。

表5-3 需求量、消费量值（箱）汇总表

观测值	预测库存量 $\hat{y}$（箱）	需求量 q（箱）	消费量 u（箱）
1	17.40983935	15.029	13.9493
2	18.22708922	14.017	14.1300
3	18.50333602	14.499	14.5022
4	17.21074875	14.327	13.9568

续表

观测值	预测库存量 $\hat{y}$（箱）	需求量 q（箱）	消费量 u（箱）
5	16.06081579	11.389	11.9220
6	17.32339274	14.817	14.2690
7	15.57764254	13.118	12.7160
8	17.5224502	12.618	13.1140
9	18.09554103	14.410	14.3110
10	16.76469873	13.219	13.1853
11	17.0319122	13.927	13.6724
12	17.84311869	14.182	13.8590

5.8 本章小结

近年来，不少学者对易逝品特别是药品和食品的研究越来越多，不仅因为其经济意义，也由于其对社会和环境的影响。本书研究了具有保质期商品的采购问题，建立了药品需求动态模型和库存多元线性回归模型；实现了药品保质期与失效率，库存与药品收入、可替代药品收入、就诊人次，药品需求与库存、药品失效率的定量研究。这些结论具有一定的理论意义和重要的实用价值。

然而，影响库存的因素还很多，如医疗保险、药品广告等，为了简化模型，笔者在书中并未对此进行研究，但并不是说这些因素就没有相关性，这是本书的不足。

第 6 章 易逝品供应链柔性策略分析

易逝品供应链柔性是整条供应链适应外界变化的能力,其中需求不确定是供应链面临的较大的挑战,柔性强的供应链在面临不确定需求的时候,适应性也较强,供应链受的影响很小;相反,柔性弱的供应链在面临不确定需求的时候,适应性也较弱,供应链受的影响很大,甚至在严重的情况下,会导致供应链合作关系的破裂。而且易逝品是需求不确定较大的一类商品,所以易逝品供应链柔性的研究就更为必要。对易逝品供应链柔性的研究不仅能够得出有利于企业的建议,还能够使企业拥有更强的抵御竞争的能力。

6.1 供应链柔性概述

6.1.1 供应链柔性的概念

目前涉及供应链柔性的各种文献,对供应链柔性的定义通常与制造系统的柔性类型相关联,尚未形成统一的定义。

Slack(1987)认为供应链柔性是指供应链对客户需求及时作出响应的能力。Sabri Beamon(2000)指出,供应链柔性主要是指生产柔性和分销柔性,生产柔性用生产能力和生产能力利用之差衡量,分销柔性用现实的分销量和客户需求之差衡量。Forrester(2001)认为供应链应该具有对需求变化的动态响应能力,并强调供应链伙伴之间的相互依赖性,即任何供应链参与者的柔性能力会受到整个系统柔性能力的内在限制。Moon(2012)认为供应链柔性是一个公司响应内外部变化的能力,从而来获得或维持竞争优势。马士华(2000)指出,供应链柔性对于需方而言,代表了对未来变化的预期;对于供方而言,它是对自身所能承受的需求波动的估计。

随着经济的不断发展和市场环境的千变万化,供应链柔性越来越受到重视。企业需要什么种类和什么程度的柔性来保持竞争优势是一个值得研究的问题。供应链柔性不是越大越好,柔性越大,企业需要付出的柔性成本就越大;柔性太小,企业会在面对变化的时候缺乏应对能力。所以选择适合企业发展情况的柔性种类和水平对企业的发展至关重要。

6.1.2 柔性供应链具有的特点

结合柔性和供应链的特征,柔性供应链一般具有以下特点[①]:

(1) 动态性。

柔性是一个动态的概念。一个组织具备柔性就具备了不断学习创新的能力,这种能力可体现为利用组织内外部资源对环境的不稳定性做出及时的反应,并适时根据预测的环境变化进行迅速的调整来应对环境的不确定性。供应链在其生命周期运作过程中具有明显的动态特性,供应链生命周期的动态特性决定了供应链的柔性也具有动态特性。

供应链的柔性水平是环境不确定性的函数,应与消费者的需求相关。同时柔性是一个相对的概念,环境不确定性及供求规律

[①] 盖军:《基于需求驱动的供应链优化管理研究》,西安电子科技大学,2008年,第25~26页。

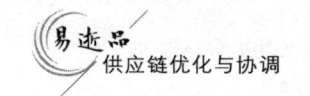

使供应链柔性的产生及发展具有动态特性。所以供应链的柔性应对市场的需求和环境不确定性具有动态的敏感性。当消费者的需求及环境不确定性程度与系统的柔性水平供给相平衡时，系统的柔性水平处于动态平衡状态；当消费者或环境不确定性对柔性的需求增加时，为满足环境不确定性的需求和应对竞争，需要提高柔性水平，系统原来的柔性平衡状态被打破，向新的平衡状态演进。

（2）多维性。

供应链柔性的多维性，即供应链处理不确定时表现出来的多方面的能力。正是柔性的多维性使得对于柔性的研究角度较多。很多学者从经济的角度、时间的角度等对柔性进行研究，这些角度之间也存在一种相互的制约，单独的某一层面并不能全面地理解柔性，必须多角度考察，有效全面地定义供应链柔性的维度对于准确地测量供应链柔性具有重要价值。

（3）时效性。

时效性即要求系统面对不确定时能快速响应的能力。供应链柔性的时效性，主要表现在供应链运作中对物流、信息流、网络结构等的快速调节上，以应对环境不确定性及满足快速变化的市场需求。

（4）鲁棒性。

鲁棒性是系统的一种基本属性，是一个系统面临内部结构和外部环境变化时，能保持其系统功能的能力，是伴随不确定性问题普遍存在的现象。供应链柔性的核心问题就是形成鲁棒运作和鲁棒策略。

供应链的鲁棒性，是系统在受到内部运作和外部突发应急事件等不确定性干扰下，仍然能保持供应链收益和持续性运行功能的能力，柔性正是这种能力的体现。供应链柔性是其适应市场需求变化的能力，通常表现为供应链上下游企业之间的关系在不确定性环境下所表现出的鲁棒性。

（5）可扩展性。

随着信息技术的发展及市场的需要，现代企业间界限越来越模糊，根据业务的需要，供应链可通过建立虚拟企业、动态联盟等形式不断向外延伸，这种延伸不仅是地理位置上的扩大，更包括业务范围、生产能力的扩大。供应链的这种扩展性也体现在了供应链柔性上，柔性随着供应链的扩展及外部境不确定性有所改变，所以供应链柔性也随着结构及环境的变化而变化。这也促使学者应用系统的眼光来看待供应链柔性，把握供应链所体现出的结构柔性及供应链柔性的演化过程。

（6）对市场的敏感性。

对市场的敏感性是指供应链能对真实的需求做出适当的反应。但现在有许多组织是以预测为驱动而不是以需求为驱动来反映市场需求水平的。因为它们不能直接对客户的实际需求进行了解，从市场上得到反馈，所以它们被迫基于过去的销售或者运量进行预测，并将这些预测转化为库存。随着有效客户反应的出现，以及信息技术的发展，这都有助于组织获得即时的需求信息，使得组织有能力获得真实的市场需求并对其做出快速的反应[1]。

（7）计划的弹性。

计划的弹性即基于供应链系统整个商业运营目标，不断对链上所需资源进行计划与再计划[2]。

6.1.3 供应链柔性的价值

供应链柔性的价值主要包括有利于提高消费者的满意度、获

---

[1] 邓宁：《供应链柔性研究》，武汉理工大学，2005年，第29页。
[2] 邓宁：《供应链柔性研究》，武汉理工大学，2005年，第29页。

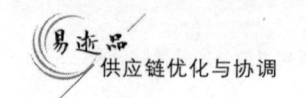

得或维持供应链的竞争优势、有利于提高供应链的效率等①。

6.1.3.1 有利于提高消费者的满意度

消费者的需求以及偏好会随着社会的发展产生相应的变化，这个时候如果企业不具备柔性供应链，那么对这一系列的变化就无法感知，更无法及时做出响应，最终导致的结果有两个：消费者不能得到满足和企业实现不了利益的最大化。如果这种情况得不到改善，消费者就会对企业失去信心，最终影响到企业的整体效益。

如果企业的供应链具备柔性水平，企业就能够根据消费者的偏好来制订相应的生产计划，在满足消费者需求的前提下，提升企业自身的形象，长此以往，将有利于企业的发展壮大。

6.1.3.2 获得或维持供应链的竞争优势

现如今，市场经济处于飞速发展的状态，这必将会影响到消费者的偏好，在这种情况之下，企业所处的外部环境也就变得越来越复杂。这个时候就需要借助于供应链的作用。

如果企业所处的供应链能够及时地感知市场的变化并能够及时做出调整，那么，这个企业会具备一定的竞争优势；反之就会导致供应链断裂，最终对企业的利益造成极大的损害。因此，一定要建立具有柔性的供应链，只有这样才能够根据消费者偏好的变化及时做出调整，才能够使企业具备一定的竞争优势。

6.1.3.3 有利于提高供应链的效率

在以往的供应链之中，并没有加入柔性的因素，只要订单确

---

① 高冬冬：《基于易逝品供应链柔性分析的供应商选择策略研究》，西南交通大学，2018年，第15~16页。

定，就不能够进行调整，这就给零售商带来了极大的风险，但是对于生产商来讲是十分有利的。在供应链运作的过程之中，处于其中的各个成员都想获取最大的利益，从而忽视了整体的协调，产生的结果就是运作效率不高，最终会损害到每个成员的利益。在供应链之中加入柔性因素，风险不再由零售商方面承担，生产商也相应承担一部分风险，这样一来，不仅仅能够使整条供应链更加协调，还能够使各方关系更加和谐，最终实现利益的最大化，也能够极大地提高管理绩效。

6.2 供应链柔性显著改善易逝品供应链绩效

近年来，学者们研究了供应链柔性、外部环境对企业绩效的影响，发现供应链柔性会影响企业的财务绩效和运营效率。

例如，Wadhwa 和 Rao（2003）研究发现，供应链的柔性与供应链绩效之间存在着密切的联系。具有较高柔性水平的供应链，能够应对外部不断变化的市场环境以及多种因素导致的不确定性，实现对市场机遇和消费者要求的快速反应。不具有良好柔性的供应链难以适应内外部环境的变化，其绩效也将大受影响。良好的柔性能够帮助供应链降低缺货率，降低脱销的可能性，提高消费者满意程度，快速反应以适应消费者需求的变化，快速适应新的产品与新的市场、提高决策水平等。Merschmann 和 Thonemann（2010）认为，柔性与环境不确定性的匹配会影响企业绩效，在不确定性程度高的环境下，高的柔性会带来绩效的提升。

供应链柔性显著改善易逝品供应链绩效主要体现在以下几方面。

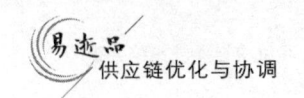

6.2.1 供应链提前期依赖于供应链的各组成部分的特性和供应链的运作状况

王在龙（2005）研究发现：①供应链提前期随着供应链柔性水平的提高单调递减，这表明供应链柔性对其提前期有着反向作用。②供应链柔性对供应链提前期有着很强的影响，这种影响也相当显著。③这种影响在供应链柔性的不同等级上表现出不同的程度（见表6-1）。④使用供应链柔性策略的供应链体系比不使用该种策略的供应链而言提前期有明显的缩短：使用高等级的柔性策略的供应链体系可以获得更短的提前期，但是随着柔性水平的增加，伴随其缩短的提前期越来越少。

表6-1 随供应链柔性的增加提前期变化量的改变情况

提前期变化量		到（柔性水平）				
		2	3	4	5	6
从 （柔性水平）	1	-56.59%	-73.37%	-86.48%	-94.33%	-100%
	2		-16.68%			
	3			-13.11%		
	4				-7.85%	
	5					-5.66%

6.2.2 供应链柔性对于易逝品供应链处理不同数量产品需求能力的影响

众所周知，增加订单的数量会增加订单履行提前期。然而，王在龙（2005）的研究表明，在某些特定情况下，产品需求数量不同而导致的提前期差别随着供应链柔性的增加而逐渐减少。这表明，供应链柔性对供应链处理不同数量的产品需求的能力有正面的影响,这种影响较弱,但确相当显著,即采用柔性策略的供应链体系要比没有采用柔性策略的供应链体系能更好地处理不同数量的产品需求。供应链体系采用的柔性等级越高,在处理不同数量产品需求时表现出的能力就越强。但是,随着柔性等级的提高,供应链在完成上述工作时提前期的缩短量会越来越小。

6.2.3 供应链柔性有效提升供应链竞争力

柔性的供应链,还可以使供应链及其成员企业获得如下竞争优势[1]:

(1) 退单数量、脱销数量和延期交货订单数量减少。

(2) 对需求变化,生产系统不良表现,供应商不良表现,物流运输系统不良表现,新产品、新市场和新的市场竞争者的反应和适应的能力增强。

(3) 供应链系统的柔性越强,供应链系统就能够在短时间内以低成本的方式实现新产品的开发,保证新产品开发所需物料的供应及其他保障。

(4) 柔性较强的供应链系统能在较短时间内、低成本地实现不同零部件之间的加工转换。

(5) 柔性较强的供应链系统能够处理复杂多样的工艺要求,能够高效率地实现加工过程的优化。

(6) 供应链系统的柔性越强,消除和适应原材料采购的不确定性能力就越强,就能够很好地保证原材料的供应。

6.3 供应链柔性策略运用

在当今多变的市场环境中,对一个企业来说,保持供应链的

---

[1] 王在龙:《供应链柔性研究与评价》,中南大学,2005年,第8~9页。

高效性和灵活性，正确处理供应链过程中的不确定性因素是至关重要的。Olhager West（2001）验证了企业对柔性观念的重视程度已经超越了对销售需求和客户需求的重视。因此制定出合适的柔性决策，有效降低不确定所带来的损失已经成为衡量供应链绩效的一个重要指标。

当前供应链柔性策略主要有以下几种：数量折扣（Quantity Discount）、快速响应、延迟策略、VMI（Vendor Managed Inventory，供应商管理库存）技术、JIT（Just In Time，准时制）采购和大规模定制等。

6.3.1 数量折扣

6.3.1.1 数量折扣的基本理论

数量折扣是指卖方根据买方购买数量或金额的多少，给予比例大小不同的折扣优惠。如果买方的定购量大于卖方规定的折扣数量，买方会得到优惠的价格折扣；但当订货量小于这一水平时，就不能享受价格的折扣[1]。

在实际运作的过程中供应商提供的数量折扣有下面两种：第一种是全部数量折扣，指订单数量如果大于等于某一临界点，则折扣价格适用于全部的购买单位。第二种是边际单位数量折扣，指按照买方一次购买数量或购买金额达到一定标准时给予的折扣优惠。

6.3.1.2 采用数量折扣的意义

（1）数量折扣是一种可以用来处理需求和信息不确定性问题

---

[1] 金强：《供应链管理中数量折扣契约设计》，上海海事大学，2006年，第17~18页。

的有效机制。

（2）促进生产商平稳订货。这种数量折扣的方式可以使分销商不必在某个时刻突然大幅增加订货量，使得生产商的总体订货量的波动状态显得平缓，得以控制在一定的范围之内。

6.3.1.3 适用范围

数量折扣适用于供应商仅知道零售商需求分布的可能类型，不知道每个零售商的具体需求分布，存在需求信息不对称的情况；供应商采用数量折扣策略对零售商进行信息甄别，最大化供应商期望利润的情况。

6.3.1.4 成功例证

三星集团是韩国最大的企业集团，数量折扣是三星公司应用得最多的一个增加利润、提高市场占有率的策略，几乎所有的重点产品采用这一方法。数量折扣契约使供应链系统的期望利润增加了15%左右，而且保证了供需双方的利润都不会减少[①]。

6.3.2 快速响应

6.3.2.1 快速响应的基本理论

快速响应，是指企业通过收集、分析和处理相关信息，有效解决潜在或现实的风险，从而及时采取行动，并实现有效的转化特征、市场导流和客户服务的能力。快速响应也是制造业中的准时制，它确定了生产商、批发商和零售商的供应时间，从而使得库存水平最小化。

---

① 金强：《供应链管理中数量折扣契约设计》，上海海事大学，2006年，第40～41页。

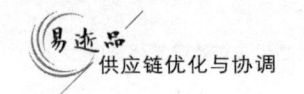

快速响应的目的是减少原材料到销售点的时间和整个供应链上的库存，最大限度地提高供应链管理的运作效率。

6.3.2.2 快速响应的原理

快速响应是一种全新的业务方式，它体现了技术支持的业务管理思想：在供应链中，为了实现共同的目标，各环节都应进行紧密合作。一般来说，供应链的共同目标包括：

（1）提高消费者服务水平，即在正确的时间、正确的地点用正确的商品来响应消费者需求。

（2）降低供应链的总成本，增加零售商和生产商的销售和获利能力。

6.3.2.3 实施快速响应的六个步骤

快速响应的着重点是对消费者需求做出快速反应，实施快速响应可分为以下几个步骤：

（1）条形码和 EDI（电子数据交换）。零售商首先必须安装条形码、POS 扫描和 EDI 等技术设备，以加快 POS 机收款速度、获得更准确的销售数据并使信息沟通更加通畅。POS 扫描用于数据输入和数据采集，它是指在收款检查时用光学方式阅读条形码，然后将条形码转换成相应的商品代码。

条形码用于产品识别，扫描条形码可以快速准确地检查价格并记录交易。

EDI 也是在计算机间交换的商业单证。公司将其业务单证转换成行业标准格式，并传输到某个 VAN（Value Added Network），贸易伙伴从 VAN 上接收到这些单证，然后将其从标准格式转到自己系统可识别的格式。

（2）固定周期补货。快速响应的补货要求供应商更快、更频繁地运输重新订购的商品，以保证店铺不缺货，从而提高销售额。

自动补货是指基本商品销售预测的自动化。自动补货使用基于过去和目前销售数据及其可能变化的软件进行定期预测，同时考虑目前的存货情况和其他因素，确定订货量。基本商品每年的销售模式一般不会受流行趋势的影响，它们的销售量是可以预测的，所以不需要对商品进行考查就可确定重新订货的数量。

（3）先进的补货联盟。零售商和消费品生产商联合起来检查销售数据，制订关于未来需求的计划和预测，在保证现货和减少缺货的情况下降低库存水平；还可以进一步由生产商管理零售商的存货和补货，以加快库存周转速度。

（4）零售空间管理。根据每个店铺的需求模式来规定其经营商品的花色品种和补货业务。一般来说，对于花色品种、数量、店内陈列及培训或激励售货员等决策，生产商也可以参与甚至制定决策。

（5）联合产品开发。这一步的重点不再是一般商品和季节商品，而是生命周期很短的商品。生产商和零售商联合开发新产品，其关系的密切程度超过了购买与销售的业务关系，这样可缩短从新产品概念到新产品上市的时间，而且可经常在店内对新产品进行试销。

（6）快速响应的集成。通过重新设计业务流程，将前五步的工作和公司的整体业务集成起来，以支持公司的整体战略。

6.3.2.4 采用快速响应的意义

（1）快速响应环境变化，快速响应用户需求，减缓需求、信息等不确定因素。

（2）增加预测的精度：由于快速响应使得供应链中的补货提前期大大降低了，因此供应链管理者就可以增加预测的精度，并最终使得供应链中的供需得到很好的协调，从而增加供应链的总

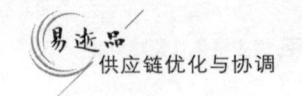

利润。

6.3.2.5 适用范围

对于许多创新性产品,诸如时尚服饰和电子类产品,需求的不确定性是产品本身固有的特性,建立快速响应的供应链是回避不确定性的一个有效方法。

此外,不断变化的市场环境也使得企业必须不断推出新产品,建立全方位的快速响应机制,最快速地处理消费者订单。

6.3.2.6 成功例证

沃尔玛是美国最大的连锁零售集团之一。沃尔玛的成功,与其独特的供应链快速响应体系有着不可分割的密切联系。

沃尔玛快速反应实施步骤:

(1) 建立阶段。1986年,沃尔玛与Seminole(塞米诺尔)公司和Milliken(美利肯)公司主要针对服装开展合作,建立了垂直型的快速响应系统,建立之初,仅尝试性地开通了订货业务和付款通知业务,交换电子化的订货明细单和受理付款通知。

(2) 发展阶段。沃尔玛把POS数据通过EDI系统传给供应商,使得供应商在第一时间了解沃尔玛的销售情况,掌握商品需求动向,据此及时调整生产计划和材料采购计划。同时,供应商在发货前利用EDI系统向沃尔玛传送预先发货清单ASN(Advanced Shipping Notice),便于沃尔玛为下一步的进货做好准备,同时省去货物数据的手工输入作业。沃尔玛在接收货物时,每个货物上都有各自对应的条码信息,利用无线射频识别技术读取出条码中蕴含的信息,与进货清单进行比对,若到货和发货清单一致,就利用EFT向供应商付货。

(3) 成熟阶段。沃尔玛把商品进货和库存管理职能移交给供应商,在现有的ASN信息和POS信息的基础之上,由供应商进行分析，主动把握沃尔玛的商品销售情况，以推算库存现状及动向。由此，供应商便可以做出及时正确的决策，在正确的时间，以正确的方式发送正确的商品。发货之前，发货信息依然按照预定程序以 ASN 形式提前告知沃尔玛，少量多次完成连续库存补充。

由于采用了上述步骤，沃尔玛的运营成本远远低于同等规模的其他连锁零售集团。因而，可以采用低价销售的方式吸引更多的消费者，销售额增长迅速。

6.3.3 延迟策略

6.3.3.1 延迟策略的基本理论和种类

延迟策略是为适应大规模消费者定制生产要求而采取的策略。具体是将产品的最后制造和配送延迟至收到客户订单后再进行，以减小预测风险。延迟策略包括两种策略：

（1）生产延迟策略。其基本原理是准时化，即在获得客户确切需求和购买意向前，不会过早做准备工作或采购零部件，而在合适的时间严格按照订单生产合适数量、合适品质的产品。

（2）物流延迟策略。其指地理上的延迟，即物流网络中几个主要的中央仓库，根据预测结果存储必要物品，待接到客户订单后，从中央仓库启动物流程序，把物品运送到客户所在地的仓库或直接快运给客户。

6.3.3.2 实施延迟策略具备的条件

并非所有的产品生产过程都可以采用延迟策略，即延迟策略的实施必须具备以下几个条件：

（1）产品可模块化生产。产品在设计时，可分解为几个较大的模块，这几个模块经过组合或加工便能形成多样化的最终产

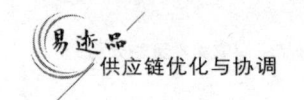

品,这是延迟策略实施的重要前提。

(2)零部件可标准化、通用化。产品可模块化只是一个先决条件,更重要的是零部件具有标准化与通用化的特性,这样才能彻底从时间上与空间上将产品的生产过程分解为通用化阶段和差异化阶段,并保证最终产品的完整。

(3)经济上具有可行性。实施延迟策略一般会增加产品的制造成本,除非它的收益大于成本,否则延迟策略没有必要执行。

(4)适当的交货提前期。通常来说,过短的提前期不利于延迟策略的实施,因为它要求给最终的生产与加工过程留有一定的时间余地,过长的提前期则无须延迟策略。

6.3.3.3 采用延迟策略的意义

延迟策略的意义在于:①可提升供应链的柔性。②降低供应链总成本。③提高流程效率。④改进客户服务水平。

6.3.3.4 成功例证

戴尔实际上就是把生产延迟、采购延迟这两种延迟策略结合起来使用的。作为一家电脑生产企业,戴尔在业界以零库存和直销模式著称,它的仓储点只保持 4 天的库存水平,而大部分同行企业还在追求 10 天的库存周转水平[①]。电脑是一种模块化程度高的产品,消费者在互联网下订单后,戴尔工厂迅速按照消费者的要求对部件(通用件)进行装配,并将产品直运给消费者。同时将这些需求信息通过网络提供给供应商们共享,以便进行即时采购。也就是说,戴尔实行的是"零部件通用化+消费者定制化"的装配延迟策略,辅之以采购延迟。延迟策略的实行帮助戴

---

① 叶平、杨建:《基于客户化供应链的延迟制造模式研究——以戴尔为例》,《物流科技》,2008 年第 7 期,第 41 页。

尔大幅度降低了库存。

6.3.4 VMI技术

6.3.4.1 VMI基本理论

所谓VMI,是一种以用户和供应商双方都获得最低成本为目的,在一个共同的协议下由供应商管理库存,并不断监督协议执行情况和修正协议内容,使库存管理得到持续地改进的合作性策略。

6.3.4.2 采用VMI技术的意义

(1) 缓和了需求不确定性,增加了对未来需求的可预见性和可控能力。

(2) 增加了零售商对采购业务的控制能力。

(3) 减少了对进货产品进行检查活动所发生的成本。

6.3.4.3 VMI的适用范围

VMI的一般适用范围:供应商经济实力雄厚,有较强的库存存储水平和货物运输、配送能力,以及稳定、可靠的信息来源;零售商的库存设施有限,自己难以有效地管理库存水平。VMI在零售业、医院、IT行业等其他第三产业应用比较广泛。

6.3.4.4 成功例证

VMI已经成为业界普遍关注的物流管理方面的解决方案。这其中雀巢和家乐福在实施VMI方面就获得了巨大成功。雀巢公司曾为世界最大的食品公司,家乐福公司曾为世界第二大的连锁零售集团。1999年两家公司中国地区分公司开始了供应商管理库存VMI示范计划。

整个计划主要是在一年之内,建立一套 VMI 的运作环境并且可以顺畅地不断执行下去。具体而言分为系统与合作模式建立阶段以及实际实施与改善阶段。第一个阶段约占半年的时间,包括确立双方投入资源、建立评价体系或评估分析与协议所需的条件,确立整个运作方式以及系统建置。第二个阶段为后续的半年,以先导测试方式不断修正,使系统与运作方式趋于稳定,并以评估指针不断进行问题寻找与改善,一直到达不需人工介入为止。在人力投入方面,雀巢与家乐福双方分别设置有一个全职的对应窗口。在经费的投入上,家乐福方面主要是在 EDI 系统建置上的花费,没有其他额外的投入;雀巢方面除了构建 EDI,还引进了一套 VMI 的系统。

自从雀巢和家乐福实施 VMI 之后,截至 2004 年,雀巢对家乐福物流中心的产品到货率从原来的 80% 提升到 95%;家乐福物流中心对零售店面的产品到货率从 70% 提升到 90%,并仍在改善中;库存天数由原来 25 天下降到目标值以下;订单修改率由原来的 60%~70% 下降到 10%[①]。同时雀巢也开始推动将 VMI 系统运用到其他渠道上的计划,并且在与家乐福的 VMI 计划上也进一步考虑针对各店降低缺货率和促销合作等计划的可行性。

6.3.5　JIT 采购

6.3.5.1　JIT 采购的基本理论

JIT 采购是指把恰当的数量、恰当质量的物品、在恰当的时间供应到恰当的地点,最好地满足用户需要。

---

① 徐剑、金玉然、张云里:《企业如何有效实施 VMI 管理库存》,《物流科技》,2005 年第 2 期,第 47 页。

6.3.5.2 JIT 采购的特点

JIT 采购具有以下特点：

(1) 合理选择供应商，并与之建立战略伙伴关系，要求供应商进入生产商的生产过程。

(2) 小批量采购。

(3) 实现零库存或少库存。

(4) 交货准时，包装标准。

(5) 信息共享。

(6) 重视教育与培训。

(7) 严格的质量控制，产品获得国际认证。

6.3.5.3 JIT 采购的意义

(1) 有利于暴露生产过程隐藏的问题。JIT 采购认为，过高的库存不仅增加了库存的成本，而且还将许多生产上、管理上的矛盾掩盖起来。而 JIT 采购是一种理想的物资采购方式，它设置了一个最高标准、一种极限目标，即原材料和外购件的库存为零、质量缺陷为零。JIT 采购通过不断减少外购件和原材料的库存来暴露生产过程中隐藏的问题，从解决深层次的问题上来提高生产效率。

(2) 消除了生产过程中的不增值过程。JIT 采购消除了生产过程中存有大量的不增加产品价值的活动，如订货、修改订货、收货、装卸、开票、质量检验、点数、入库及运转等。把大量时间、精力、资金花在这些活动上是一种浪费。JIT 采购由于大大地精简了采购作业流程，因此消除了这些浪费，极大地提高了工作效率。

(3) 进一步减少并最终消除原材料和外购件库存。JIT 采购可以使原材料和外购件库存降低 40%~85%[①]，有利于企业减少流动资金的占用，同时也有利于节省原材料和外购件库存占用空间，从而降低库存成本。

（4）实现柔性生产。JIT 采购使企业实现了需要什么物资，就能供给什么样的物资，什么时间要就能什么时间供应，需要多少就能供给多少的目标，从而使原材料和外购件库存降到最低水平。从这个意义上讲，JIT 采购能适应市场需求变化，使企业能够具有真正的柔性。

（5）有利于降低原材料和外购件的采购价格。由于供应商和生产商的密切合作以及内部规模效益与长期订货，再加上消除了采购过程中的一些浪费，就使得购买的原材料和外购件的价格得以降低。推行 JIT 采购可使质量成本减少 25% 以上[②]。

6.3.5.4 适用范围

JIT 采购旨在消除原材料和外购件库存，为了保证准时、按质按量供应所需的原材料和外购件，采购必然是小批量的。但是，小批量采购必然增加运输次数和运输成本，而且增加了协调的难度。对供应商来说，这点是很为难的事情，特别是当某些供应商在远距离的情形下，实施 JIT 采购的难度就很大。

所以这种模式适用于材料供应稳定，产品品种单一，与供应商距离较近的生产商。

6.3.5.5 成功例证

海尔集团每个月平均接到 6000 多个销售订单，这些订单的

---

　　① 王照莹：《供应链环境下 JIT 采购模式的发展策略》，《经济师》，2011 年第 9 期，第 232 页。

　　② 王照莹：《供应链环境下 JIT 采购模式的发展策略》，《经济师》，2011 年第 9 期，第 232 页。

定制产品品种达 7000 多个，需要采购的物料品种达 26 万余种[①]。海尔 100% 的采购订单由网上下达，并通过网上查询计划与库存，及时补货，实现 JIT 采购，使采购周期由原来的平均 10 天降低到 3 天。这样极大地降低了需求不确定性因素的产生，增强了供应链结构的稳定性，而且从根本上消除了呆滞物资、消灭了库存。JIT 采购将海尔集团呆滞物资降低了 73.8%，仓库面积减少了 50%，库存资金减少了 67%[②]。

6.3.6　大规模定制

6.3.6.1　大规模定制的基本理论

大规模定制就是以大规模生产的成本和速度结合企业的实际能力为单一客户或批量多品种的市场定制任意数量产品的一种生产模式。其特征是：以客户需求为导向，以现代信息技术和柔性制造技术为支持，以模块化设计、零部件标准化为基础，以敏捷为标志，以竞争合作的供应链为手段。

6.3.6.2　大规模定制的分类

企业的生产过程一般可分为设计、制造、装配和销售，根据定制活动在这个过程中开始的阶段，可以把大规模定制划分为以下四种类型[③]：

(1) 设计定制化。设计定制化是指根据客户的具体要求，设

[①] 李赓：《"物"华天宝"流"通制胜》，《高校招生》，2007 年第 4 期，第 54~55 页。

[②] 李赓：《"物"华天宝"流"通制胜》，《高校招生》，2007 年第 4 期，第 54~55 页。

[③] 邵晓峰、黄培清、季建华：《大规模定制生产模式的研究》，《工业工程与管理》，2001 年第 2 期，第 15 页。

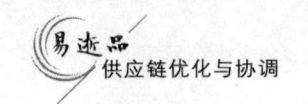

计能够满足客户特殊要求的产品。在这种定制方式中，开发设计及其下游的活动完全是由客户订单驱动的。这种定制方式适用于大型机电设备和船舶等产品。

（2）制造定制化。制造定制化是指接到客户订单后，在已有的零部件、模块的基础上进行二次设计、制造和装配，最终向客户提供定制产品的生产方式。大部分机械产品属于此类定制方式，一些软件系统如 MRP Ⅱ（Manufacture Resource Plan，制造资源计划）、ERP（Enterprise Resource Planning，企业资源计划）等也属于这类定制化方式，软件商根据客户的具体要求，在标准化的模块上进行二次开发。

（3）装配定制化。装配定制化即接到客户订单后，通过对现有的标准化的零部件和模块进行组合装配，向客户提供定制产品的生产方式。

（4）自定制化。自定制化是指产品完全是标准化的产品，客户可从产品所提供的众多组成内容中，选择当前最符合其需要的某部分内容。因此，在自定制方式中，产品的设计、制造和装配都是固定的，不受客户订单的影响。

6.3.6.3　大规模定制的优势

（1）降低需求不确定。采取多种方式让消费者参与产品设计，使产品更加符合消费者的个性化需求，是最接近消费者的一种生产方式；完全按消费者的意图设计和生产，避免了消费者对产品的抱怨。

（2）降低费用。生产完全根据消费者的定制请求，生产出的产品都是可销售产品，除必要的在途运输中的成品之外，几乎不占用成品库存费用；开发中采取模块化，每次能以很低的成本改变一个模块。

6.3.6.4 适用范围

大规模定制生产模式几乎适用于任何领域,顺应时代发展的需要和市场变化的特征,是未来生产方式的代表。

新业务在采用大规模定制模式的理念上更占有优势,因为它们没有大规模生产模式的历史包袱,也没有层次机构、职能屏障、缺乏对客户的关注等旧模式的痕迹。

6.3.6.5 成功例证

戴尔公司是个人计算机制造行业采用大规模定制生产模式的楷模,戴尔公司没有成品库存,只生产定制产品。戴尔公司创立之初是给客户提供电脑组装服务,先天在研发能力和核心技术方面与业界的惠普等公司有着一定差距。因此,戴尔公司在发展过程中把重点放在成本控制和制造流程优化等方面,而实施面向大规模定制的供应链管理更能帮助戴尔公司与供应商有效合作和实现虚拟整合,降低库存周期及成本。并且面向大规模定制的客户关系管理要求生产企业和消费客户互动,相互融合,为消费者量身定做,这样减少了因客户需求产生的不确定因素。

通过大规模定制模式,戴尔公司在个人计算机市场中的份额大幅提升,从 1988 年到 2002 年,销售额从 1.59 亿美元猛增到 321 亿美元[①]。

6.4 柔性水平与收益的平衡策略

随着社会经济的发展,竞争逐渐由企业间扩展到供应链之

[①] 邢西哲、刘波、李凌:《大规模定制生产模式及其关键技术》,《床与液压机》,2003 年第 6 期,第 215 页。

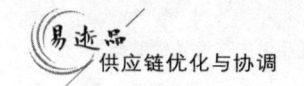

间。内外部环境的不确定性使竞争更为激烈,易逝品本身的特性又使得易逝品供应链在竞争中维持有利地位更加困难。供应链柔性不失为应对不确定性的一种好方法,可以灵活应对需求的变化,增强供应链的竞争优势,越来越多的企业认识到了其重要性并纷纷致力于建立柔性供应链。

供应链柔性可以带来更多的收益。对于供应柔性,当面临需求递增的时候,可以满足大量的需求,不仅可为企业赢得更多的利润,还可避免因不能满足需求而给消费者造成的不好影响,避免销售损失。尤其是易逝品,需求不确定性大而且替代产品多,当需求面临变化且供应链柔性不足时,非常容易造成大的损失。当面临需求递减时,易逝品由于短的生命周期,如果再加上供应链柔性小,也就是响应时间长,调整能力弱,这时很容易造成大的库存成本和风险,面临着巨大的损失。

但柔性是需要成本的,并不是柔性越大,对企业乃至供应链的发展就更有利,比如对于供应柔性,我们需要寻找合适的有柔性的供应商,需要与供应商进行谈判和签订合约。这些都需要一定的成本,而且当需求变化时,需要向供应商付出惩罚费用;对于交付柔性来讲,可能需要购买和升级相关的生产设备、库存设备和运输设备,需要额外多雇佣一些工人,需要对工人进行新设备的相关培训等,这些都可以提高相应的柔性,但是都需要企业付出一定的成本。那么应该怎样权衡柔性带来的收益与付出的成本、合适的柔性水平到底存不存在等都是值得去研究的问题。

6.5 供应链柔性收益与成本的平衡策略

易逝品的供应柔性和交付柔性都是需要成本的,并且也会给相关的供应链和企业带来收益。我们用 E 来表示柔性带来的收益,E_1 表示供应链柔性建立之前公司的收益,E_2 表示供应链柔性建立之后公司的收益，故 $E=E_1-E_2$。用 C 来表示供应链柔性成本。

供应链柔性价值是供应链柔性的投入产出比，表示供应链在柔性构建方面投入单位成本可以获得的收益，用 f 表示，则：

$$f=\frac{E_2-E_1}{C}=\frac{E}{C}$$

f 的值随着供应链柔性收益与成本的不同而变化。当 $f>1$ 时，表示供应链柔性收益大于柔性成本，此时，建立柔性供应链是有必要的，可以带来额外的利润；当 $f=1$ 时，表示供应链柔性收益等于柔性成本；当 $f<1$ 时，供应链柔性收益小于柔性成本。当 $f\leqslant1$ 时，建立柔性供应链是没有必要的，不仅没有额外的利润，还要付出更多的成本。

成本与收益的平衡是柔性供应链中可能会面临的难题。不论是物流柔性、信息系统柔性，还是供应柔性、交付柔性，都是需要付出代价和成本的。只有平衡成本与收益，才可以提高柔性水平。

综上所述，柔性水平不是越高越好。当柔性价值很低时，高的柔性水平往往意味着高的柔性成本；当柔性价值很高时，较低的成本就可以达到理想的柔性水平点。比起其他行业来，易逝品工业需要更高的柔性水平，企业和相关供应链要根据自身的发展情况，争取最大限度地利用好成本，达到高的柔性价值，从而建立适合的柔性供应链。

6.6 本章小结

本章对柔性以及供应链柔性的概念进行了介绍，并在前面易逝品供应链特征分析的基础上，对数量折扣、快速响应、JIT采购、VMI 技术、大规模定制等柔性策略的基本理论、特点、意义、适用范围及具体实施的成功例证进行了简单介绍。

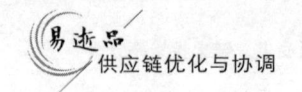

本章提出了柔性水平与收益的平衡策略以及供应链柔性收益与成本的平衡策略。

对于供应柔性和交付柔性的柔性水平选择，提出了根据柔性价值选择合适的柔性水平的策略。柔性水平不是越高越好，高的柔性意味着高的成本；也不是越低越好，低的柔性无法带来额外的收益，还会带来巨大的损失。要依据柔性价值和企业发展的实际情况来选择合适的柔性水平。

第 7 章　基于成本效益角度的信息服务产品大规模定制的平衡研究

——以软件开发为例

在信息服务领域，个性化服务被日益强化。与物质产品相比较，信息服务产品的生命周期更短，受市场和客户需求变化的影响更大，特别是应用软件领域，不同企业的产品结构、规模大小和管理方式都不一样，业务流程也千差万别，这要求软件产品不仅在开发过程中要满足多样化的业务需要，而且在企业应用过程中要能适应不断变化的业务过程。因此，信息服务产品应比物质产品更具有柔性和可定制性。

随着我国经济的发展以及软件技术进步，人们对软件产品的个性化需求越来越强烈。但是软件个性化服务水平的提高，应该建立在提高企业现在及将来的经济效益上，不能给企业带来经济效益的个性化服务水平，是没有多大意义的。

大规模个性化定制是一种以大规模生产的成本去实现客户个性化的需求，以实现生产效率和效益的提升的生产模式。随着企业对管理软件需求空前的膨胀和个性化要求的不断提高，单纯标准化的软件生产已经不能满足不同企业的需求，管理软件生产实施大规模定制已经成为趋势。

实现大规模个性化定制的前提是必须实现大规模与定制的均衡，即实现个性化定制不是不计成本地满足个别消费者的需要，因为高额成本和较低的性价比无论是对企业还是消费者来说，都是不经济的[①]：曲线逐渐变陡的趋势表明，个性化水平地提高对供应链成本的惩罚是不断增大的（见图7-1）。因此，个性化与成本是否平衡已迅速地成为企业竞争唯一的标准。本书通过找出供应链最小期望和个性化成本之间的平衡点，为企业进行系统投资决策、选择合适的柔性参数提供了理论支持。

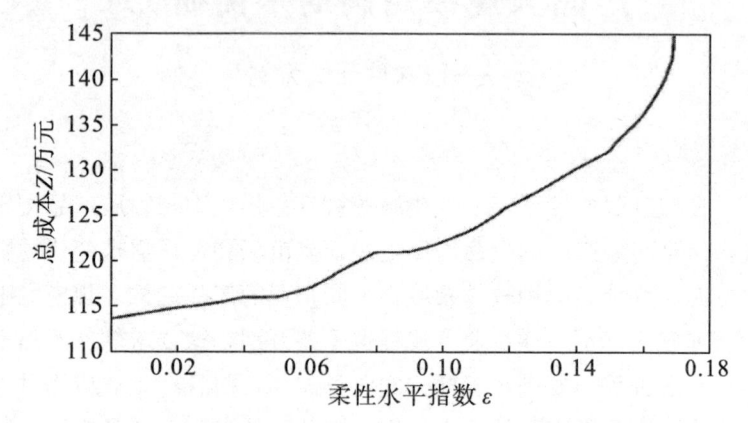

图7-1 不同柔性（个性化）条件下的供应链总成本

因此，建立相应的个性化度量体系，对供应链的个性化进行适当的测度是必要的。如何保证系统控制力度与个性化之间的均衡，是本书研究的重点。

7.1 国内研究现状

7.1.1 大规模个性化信息服务

国内研究大规模个性化信息服务的文章很多。例如，张艳（2010）从旅游区信息服务实际和游客现实需求出发，将大规模

[①] 张翠华、黄小原：《具有柔性的供应链优化模型及其应用》，《东北大学学报》，2002年第4期，第344页。

定制的思想引入旅游区信息服务，提出了旅游区信息服务大规模定制的策略，系统地建立了旅游区信息服务大规模定制系统模型。陈乐（2011）探讨了信息产品生产商和服务商应对用户对信息的时效性、传播的精准性等个性化需求的可行性方法，即通过信息产品的标准化和模块化生产，提高生产效率，降低生产成本，从而达到规模经济；同时对市场进行细分，在生产过程中结合用户定制需求，以多种模块化定制的方法实现产品的多元化，从而有效提高消费者满意度，实现对信息化产品的大规模定制。王文（2014）分析了大规模定制企业信息协同管理的结构，重点阐述了大规模定制企业信息协同管理的内容。徐扬（2015）指出，满足客户的个性化需求和控制成本是信息服务领域中衡量服务质量和效率的重要因素，两者具有天然的矛盾性，因此如何取得两者之间的平衡成为提升信息服务能力的关键问题。

7.1.2 软件大规模定制

吴月红（2014）从动态需求管理、设计开发、模块化集成等方面对大规模定制软件开发模式的实现进行了深入研究。郭海玲和严建援（2016）针对 SWS（Shrink－wrap Software，传统套装软件）实施周期长但能满足企业用户个性化需求、SaaS（Software－as－a－Service，软件即服务）能快速上线却是通用模式的特点，构建了 SWS 定制化软件与 SaaS 标准化软件两阶段竞争模型，并对不同市场结构下的参变量变化对两种模型的影响进行了分析。蔚雪争（2016）从用户体验、页面友好性、系统维护方式与服务响应时间等不同角度对标准化软件与定制化软件的优劣势进行了对比分析。黄佳毅、徐俊和陆道军（2017）对大规模定制软件敏捷开发的起始阶段、开发阶段、完成阶段进行了深入的研究与探讨。

就现有的研究文献而言，关注个性化信息服务的同时又考虑

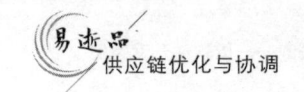

信息成本的文献较少。个性化与供应链总成本的关系虽然逐步引起部分学者的关注,但少有学者从如何确定个性化最大程度的角度进行研究。而大规模与个性化这两者的平衡恰是大规模个性化定制的核心内容,也是本书的研究重点。基于以上分析,本书从成本与效益的角度,对信息服务大规模与个性化定制的平衡进行了深入研究,对寻求最佳柔性水平提出了边际成本的具体算法。

7.2 模型的建立与求解

7.2.1 问题描述及假设

7.2.1.1 问题描述

信息服务产品开发企业行为基本上可以被描述为成本和收益两个变量的函数。一般来说,企业的原则就是使边际收益与边际成本相等,这被称为最大利益原则。如果边际收益大于边际成本,说明还有潜在的利润没有得到,企业家会继续增加个性化信息服务品种,而不是停留在这一点上;反之,如果边际收益小于边际成本,企业亏了本,就会减少个性化信息服务品种,一直到边际收益等于边际成本。研究涉及的符号及说明见表7-1。

表7-1 符号及说明

符号	说明	符号	说明
Q	每个订货周期的订货批量	β	柔性系数
P	产品价格	n	产品种类
k	模块化数量(柔性程度)	b	参数

续表

符号	说明	符号	说明
U	利润	B	平均工资,指软件企业需要支付给软件开发人员的工资平均值
C_0	固定成本	F_i	各子系统柔性
C_1	柔性管理费用	λ_i	各子系统柔性的权重
C_2	软件开发成本	FP	功能点数:功能规模的度量单位
C_3	软件实施成本	η	调节因子,取值范围为 0.15~0.20
C_4	软件维护成本	θ	开发成本系数(人工时/FP)
C_5	交货延误造成的缺货损失总费用	τ	惩罚因子,取值范围为 $\tau>2$

7.2.1.2 前提假设

在建立模型之前,给出一些合理的假设:

(1) 所有信息服务产品开发企业成本都可划分为固定和变动成本两部分。

(2) 信息服务产品销售收入与产销量、成本与产销量之间呈线性关系。

(3) 产销平衡和品种结构稳定。

(4) $P_k = P_{k+1}$。

(5) 软件企业每周 5 天,每天 8 小时响应,按双方约定的条件和时间到达现场,且每月(或定期)派技术人员到现场进行软件(系统)性能调试,使运行处于良好状态。

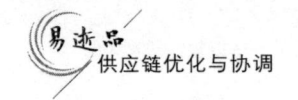

7.2.2 模型建立

7.2.2.1 总成本目标函数

构建信息服务产品开发企业利润模型：

$$U = \sum_{k=1}^{n} P_k Q_k - C(Q,\beta,b) - C_0 \qquad (7-1)$$

其中：

$$\begin{cases} k = 1,2,\cdots,n \\ P_k \geqslant 0 \\ Q_k \geqslant 0 \\ C_0 \geqslant 0 \\ \beta \geqslant 0 \\ b \geqslant 0 \end{cases}$$

现在考虑利润最大的条件。信息服务产品开发企业进行系统投资决策的原则首先是 $U \geqslant 0$，即：

$$\sum_{k=1}^{n} P_k Q_k - C(Q,\beta,b) - C_0 \geqslant 0 \qquad (7-2)$$

一般来说，边际收益与边际成本相等，即 $U=0$，也即：

$$\sum_{k=1}^{n} P_k Q_k = C(Q,\beta,b) + C_0 \qquad (7-3)$$

式（7-3）被称为最大利益原则，如果边际收益大于边际成本，说明还有潜在的利润没有得到，企业家会继续增加生产，而不是停留在这一点上；反之，如果边际收益小于边际成本，企业亏了本，会减少产量，一直到边际收益等于边际成本。

对式（7-3）两边求导，得：

$$\frac{\mathrm{d}(\sum_{k=1}^{n} P_k Q_k)}{\mathrm{d}k} = \frac{\mathrm{d}(C(Q,\beta,b) + C_0)}{\mathrm{d}k} \qquad (7-4)$$

当 $\dfrac{\mathrm{d}(\sum_{k=1}^{n} P_k Q_k)}{\mathrm{d}k} = \dfrac{\mathrm{d}(C(Q,\beta,b)+C_0)}{\mathrm{d}k}$ 时，点 A 恰为两条曲线交点（见图7-2），即成本和收入的均衡点，亦即供应链获得最大化收益的有效边际点（C 为成本曲线，E 为收入曲线，K 为柔性程度）。

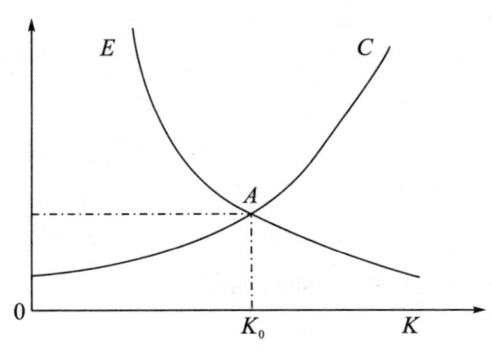

图7-2 供应链柔性与成本、收入图

7.2.2.2 成本分析

从信息服务产品开发企业（软件开发企业）生命周期构成的两阶段即开发阶段和维护阶段看，系统软件的成本由开发成本、实施成本、维护成本、交货延误造成的缺货损失总费用、验收测试成本、监理成本等构成。

令：

$$C(Q,\beta,b) = \sum_{k=1}^{n} C(k)$$
$$= C_1 + C_2 + C_3 + C_4 + C_5 + C_6 + C_7 + C_8$$
(7-5)

(1) C_1：柔性管理费用。C_1 为各子系统柔性管理费用之和。随着供应链柔性水平的增大，柔性管理费用也随着增大；即个性化需求越多，系统柔性越大。

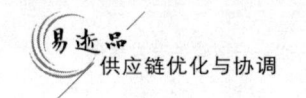

根据张云波（2003）对面向敏捷制造的供应链柔性管理研究，有：

$$C_1 = \sum_{i=1}^{8} \lambda_i F_i \qquad (7-6)$$

其中，$\sum_{i=1}^{8} \lambda_i = 1$，$F_i$ 为各子系统柔性管理费用，λ_i 为各子系统柔性的权重。

(2) C_2：软件开发成本。软件开发成本由系统软件的设计费用、实施费用及系统切换等方面的费用组成。软件开发成本一般用人月成本作为度量指标。软件人月成本是指软件企业一个月平均需要的所有成本开销以及软件企业合理利润的总和，除以企业员工总人数。随着个性化水平的增大，软件定制的种类也随之增多，软件开发成本也必然随着增大。

$$C_2 = 工作量_2 (人月) \times 人月成本$$

$$工作量_2 (人月) = 项目功能点数 \times 开发成本系数 \div 8 \div 22$$

$$(7-7)$$

$$\begin{aligned}
人月成本 &= (工资 + 福利 + 奖金 + 办公成本 + 资源储备 + \\
&\quad 基础建设 + 税收利润) \times (1 + 管理费率) \\
&= (B + 0.476B + 0.20B + \frac{B}{3} + 0.2B + 0.15B + \frac{B}{3}) \\
&= 3.23B
\end{aligned}$$

即：

$$\begin{aligned}
C_2 &= 工作量_2 (人月) \times 人月成本 \\
&= (项目功能点数 \times 开发成本系数 \div 8 \div 22) \times 3.23B
\end{aligned}$$

$$(7-8)$$

其中：

$$开发成本系数(\theta) = \begin{cases} 3.5 \sim 4.0 & 当 FP \leqslant 3000 \\ 4.0 \sim 4.5 & 当 3000 \leqslant FP \leqslant 8000 \\ 4.5 \sim 5.0 & 当 FP \geqslant 8000 \end{cases}$$

(3) C_3：软件实施成本。

$$C_3 = 工作量_3(人月) \times 人月成本$$

工作量$_3$(人月) = (项目功能点数 × 实施成本系数 ÷ 8 ÷ 22) ×

$$人月成本 \qquad (7-9)$$

$$实施成本系数 = 开发成本系数 \times t$$

则有：

$C_3 =$ [项目功能点数 × (开发成本系数 × t) ÷ 8 ÷ 22] × 3.23B $\qquad (7-10)$

其中：

①集中式实施的项目。

$$t = 0.2 + \frac{用户数 - 100}{100} \times f \quad 当 0.03 \leqslant f \leqslant 0.05$$

$$t = 0.2 \quad 当 0 < 用户数 \leqslant 100 时$$

②分布式实施的项目。

$$t = 0.2 + (m-1) \times i$$

其中，m 代表需要实施的单位（点）数；i 为比例因子，$0.08 \leqslant i \leqslant 0.15$。

(4) C_4：软件维护成本。软件成本中的开发成本和维护成本的比例，从20世纪50年代的接近1∶1，达到了2000年的1∶2[①]。

软件维护成本由运行费用、管理费及维护费组成。随着软件个性化定制种类的增多，软件维护成本也必然随着增大。

则：

$$C_4 = 工作量_4(人月) \times 人月成本$$

---

① 唐敬年、宋丹峰、张怡：《计算机系统软件成本构成及估算方法》，《中国资产评估》，2000年第1期，第24页。

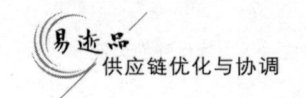

工作量$_4$（人月）=×维护成本系数÷8÷22

维护成本系数 =（开发成本系数 + 实施成本系数）×η

C_4 = 工作量$_4$（人月）×人月成本 ={项目功能点数×[（开发成本系数 + 实施成本系数）×η]÷8÷22}×3.23B （7-11）

其中，η为调节因子，取值范围为$0.15\sim0.20$，具体取值依据项目难度而定；针对个别项目，如果对维护有特殊要求，则经过专业机构或专家评估，维护成本系数可以不受此限制。

(5) C_5：交货延误造成的缺货损失总费用。随着软件开发种类的增多、个性化水平的增高，市场调查及预测的不确定性可能导致生产的某些个性化产品供求相距较大，常常出现缺货的现象；并且由于个性化生产，生产设备、生产模块及材料都需专门配备，因而时间就不能做到快速响应，交货延误的现象会常常出现，即因交货延误造成的缺货损失费用将增加。交货延误造成的缺货损失总费用越小，客户满意度越大。

$$C_5 = (1+\tau)^{k-1}P \qquad (7-12)$$

其中，τ为软件产品没有按时交付给客户的单位时间惩罚因子，惩罚因子的取值范围为：$\tau>2$。P为产品价格。

(6) C_6：其他。其他包括知识产权费、保密费、项目需求变更费、验收测试成本、监理成本等。

7.2.3 数据（算例）分析

(1) 令 $P_k = P_{k+1} = 1000$ （元/件），$Q_k = 7000$ 件，则 $E = \sum_{k=1}^{n} P_k Q_k = k \times 1000 \times 7000$（元）。

(2) $C_2 = k \times$ 工作量$_2$（人月）× 人月成本 $= k \times$（项目功能点数 × 开发成本系数 ÷ 8 ÷ 22）× 3.23B。

$$开发成本系数(\theta) = \begin{cases} 3.5 \sim 4.0 & 当 FP \leqslant 3000 \\ 4.0 \sim 4.5 & 当 3000 \leqslant FP \leqslant 8000 \\ 4.5 \sim 5.0 & 当 FP \geqslant 8000 \end{cases}。$$

令 $FP=4000$,则有 $4.0 \leqslant \theta \leqslant 4.5$,令 $\theta=4.0$。

令 $B=6000$ 元/人月,则: $C_2 = k \times (4000 \times 4.0 \div 8 \div 22) \times 3.23 \times 6000$。

(3) $C_3 = k \times [\text{项目功能点数} \times (\text{开发成本系数} \times t) \div 8 \div 22] \times 3.23B$。

假定采用集中式实施,用户数为 150,令 f=0.04:

$$t = 0.2 + \frac{150-100}{100} \times 0.04 = 0.22$$

则 $C_3 = k \times [4000 \times (4.0 \times 0.22) \div 8 \div 22] \times 3.23 \times 6000$。

(4) $C_4 = k \times \text{工作量}_4 (\text{人月}) \times \text{人月成本} = k \times \{\text{项目功能点数} \times [(\text{开发成本系数} + \text{实施成本系数}) \times \eta] \div 8 \div 22\} \times 3.23B$。

令 $\eta=0.2$,则有: $C_4 = k \times \text{工作量}_4 (\text{人月}) \times \text{人月成本} = k \times \{4000 \times [(4.0+4.0 \times 0.22) \times 0.2] \div 8 \div 22\} \times 3.23 \times 6000$。

(5) $C_5 = (1+\tau)^{k-1}P$。

令 $\tau=3$,因 $P_k=1000$ (元/件),则有 $C_5 = (1+3)^{k-1} \times 1000$。

(6) $C_6 = b$ 元(常数)。

把 $C_1 \sim C_6$ 代入式(7-4),求得 $k=29.2$,取整数,得: $k_0=29$。

当 $k>29$ 时,软件企业成本大于销售收入,软件企业利润 $U<0$;当 $k<29$ 时,软件企业成本小于销售收入,企业利润 $U>0$;当 $k_0=29$ 时,为大规模与个性化的有效边际,即大规模定制的边际数值。

7.3 本章小结

本章对于寻求最佳大规模定制数值提出了边际成本的具体算法,该方法简单可行,有利于决策者在大规模与个性化之间抉择时，寻求最佳方案，使软件企业获得最大化收益。但由于笔者个人能力的不足及研究条件的限制，目前的研究仍存在一些不足之处，有待改进。例如：

（1）研究是基于价格稳定（$P_k = P_{k+1}$）的前提进行的数据分析，事实上，不同规格软件的价格往往是有区别的，而且是随机波动的。

（2）研究假定不同的模块生产的软件数量是相同的，事实上，不同模块的软件的生产数量往往也是有区别的。

（3）研究只是进行了算例分析，并没有进行实证研究。

基于以上不足，对于波动价格的信息服务产品大规模定制平衡的实证研究，是笔者以后进一步研究的重点。

第8章 结　论

在我国现今的产业分布中，易逝品产业占据了非常重要的地位。近年来，易逝品市场发展非常迅猛，增长潜力巨大。但是由于缺乏严谨的理论和科学的手段做指导，高库存、高缺货已经成为易逝品行业的常态。本书从国内外易逝品供应链协调研究的现状出发，针对具体的静态和动态市场环境背景建立了供应链优化和协调模型来应对实际商业运作的需要，降低了供应链成员企业的生产和经营风险，提高了整条供应链的竞争力。现将其做一总结，并对未来本领域可能的方向作展望。

8.1　局限

8.1.1　基于两阶段延期付款的易逝品供应链协调研究

本书补充和改进了延期支付领域的研究，根据生产商允许零售商延期支付的可变期限、零售商允许消费者延期支付的可变期限与零售商的订货周期三者之间的关系，建立了更符合实际的决策模型，因而具有一定的理论价值和实践意义。同时，随着研究的深入，发现的问题会更多，本书的不足也越多。例如：

（1）只考虑了一种产品，而现实中生产商、零售商和消费者之间常常是多种产品同时进行的。

（2）只考虑了生产商、零售商、消费者三阶段1∶1∶1串联

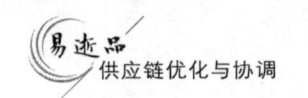

结构，而串联结构只是供应链的理想化，事实上供应链是一个动态系统，因此，应考虑多个供应商对不同的零售商采取不同的延期支付政策。

（3）零售商最优决策模型的建立没有考虑延期支付契约和其他契约联合方式，例如延期支付和回购契约联合等。

（4）假定商品零售价格是固定不变的，然而现实生活中，商品零售价格往往是随时间和需求的变化而变化。

8.1.2　信息不确定条件下动态定价的易逝品供应链优化与协调研究——基于药品采购最优报价

为了更好地进行投标决策，采购企业需要注意以下几个方面：

（1）本书是在假设博弈双方在决策时都是完全理性的，投标者是风险中性的情况下进行研究和讨论的。事实上，这样的研究具有局限性，很多的采购企业以及承包商可以是风险偏好型的，承包商不同的风险态度对药品采购企业的收益有直接的影响。

（2）本书是在假设已知业主标底的基础上进行的研究，因此，其研究成果在投标报价实践中缺乏可操作性。

（3）承包商最优报价模型建立在投标对手投标模式稳定不变的前提下的，但在实际博弈中，投标人竞争对手的投标报价策略往往是随着市场及自身条件的变化而变化的。

8.1.3　基于动态需求的药品采购研究

本书研究了具有保质期商品的采购问题，建立了药品需求动态模型和库存多元线性回归模型；进行了药品保质期与失效率，库存与药品收入、可替代药品收入、医院就诊人次，药品需求与库存、药品失效率的定量研究。这些结论具有一定的理论意义和重要的实用价值。同时，随着研究的深入，本书的局限也越多。

例如：

（1）影响库存的因素还很多，如医疗保险、药品广告等，为了简化模型，笔者在书中并未对此进行研究，但并不是说这些因素就没有相关性，这是本书的不足。

（2）对于需求行为的动态特征挖掘不足，缺乏针对风险应急方面（如供应紧急中断）的研究。

8.1.4　基于成本效益角度的信息服务产品大规模定制的平衡研究——以软件开发为例

本书对于寻求最佳大规模定制数值提出了边际成本的具体算法。该方法简单可行，有利于决策者在大规模与个性化之间抉择时，寻求最佳方案，使软件企业获得最大化收益。但由于笔者个人能力的不足及研究条件的限制，目前的研究仍存在一些不足之处，有待改进。例如：

（1）研究是基于价格稳定（$P_k = P_{k+1}$）的前提进行的数据分析，事实上，不同规格软件的价格往往是有区别的，而且是随机波动的。

（2）研究假定不同的模块生产的软件数量是相同的，事实上，不同模块的软件的生产数量往往也是有区别的。

（3）研究只是进行了算例分析，并没有进行实证研究。

（4）大量研究工作集中于算法，尚未从宏微观、静动态、算法建模耦合角度对供应链不确定优化体系进行研究。

8.2　展望

（1）在研究对象上尚需拓展。本书研究的易逝品供应链是单周期、单生产商、单零售商的二级供应链，研究对象较为简单，并不能代表实际中大多数供应链的情形。因此，未来可以对多周

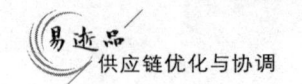

期、多参与主体、多级的复杂供应链进行扩展研究,甚至非易逝品的供应链也可以作为未来拓展研究的对象,以验证市场化的商业保险机制对于协调不同类型供应链的适用程度。

(2) 模型假设方面可以进行改进。为避免模型过于复杂,本书建立的理论模型做出了过多的假定,可能导致与实际应用不符。

(3) 对于波动价格的信息服务产品大规模定制平衡的实证研究是笔者以后进一步研究的重点。

参考文献

[1] 曹细玉. 基于多变量决策的易逝品供应链协调研究 [D]. 南京：南京航空航天大学，2007.

[2] 汪峻萍. 易逝品供应链优化与协调问题研究 [D]. 合肥：合肥工业大学，2014.

[3] 郭小云，王淳勇，王圣东. 动态市场环境下基于收益共享契约的供应链协调模型 [J]. 系统管理学报，2011（8）：433-440.

[4] 文晓巍. 变质商品供应链库存策略研究 [D]. 南京：东南大学，2006.

[5] 谢小良. 易逝品库存运输整合优化 [D]. 长沙：中南大学，2010.

[6] 陈萌. 基于延期支付的易逝品订货策略研究 [D]. 武汉：华中科技大学，2012.

[7] 王圣东，周永务. 带有两次订购机会且两阶段需求相关的 Newsboy 模型 [J]. 控制与决策，2009，24（5）：706-710.

[8] 崔雅斐. 易逝品供应链的柔性回购契约协调研究 [D]. 重庆：重庆交通大学，2016.

[9] 李燕林. 易逝品供应链系统协调机制研究 [D]. 上海：上海海事大学，2006.

[10] 吴龙生. 需求信息更新下缺货成本共担的易逝品供应链协

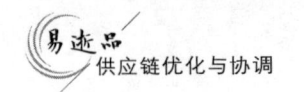

调研究 [D]. 重庆：重庆大学，2013.

[11] 杨传明，李晓峰，王佳. 供应链不确定性管理研究述评与展望 [J]. 科技管理研究，2014（12）：194−199.

[12] 孙焰. 现代物流管理技术——建模理论及算法设计 [M]. 上海：同济大学出版社，2005.

[13] 邓宁. 供应链柔性研究 [D]. 武汉：武汉理工大学，2005.

[14] 高冬冬. 基于易逝品供应链柔性分析的供应商选择策略研究 [D]. 成都：西南交通大学，2018.

[15] 王在龙. 供应链柔性研究与评价 [D]. 长沙：中南大学，2005.

[16] 金强. 供应链管理中数量折扣契约设计 [D]. 上海：上海海事大学，2006.

[17] 邵晓峰，黄培清，季建华. 大规模定制生产模式的研究 [J]. 工业工程与管理，2001（2）：13−17.

[18] 邢西哲，刘波，李凌. 大规模定制生产模式及其关键技术 [J]. 机床与液压，2003（6）：215−216.

[19] 张翠华，黄小原. 具有柔性的供应链优化模型及其应用 [J]. 东北大学学报，2002，23（4）：341−344.

[20] 唐敬年，宋丹峰，张怡. 计算机系统软件成本构成及估算方法 [J]. 中国资产评估，2000（1）：24−26，48.

[21] 李健，王庆山. 政策企业家视角下碳配额决策及违约惩罚的演化博弈分析 [J]. 软科学，2015，29（9）：121−126.